马涛 杜立——著

# 前　言

兴趣电商是一个新名词，也是一个新概念，其刚被提出不久，但它也许是一个新时代来临的标志。认知决定了一个人的财富积累程度。写本书的目的就是帮你对兴趣电商建立全新的认知。本书之所以能帮你建立全新的认知，是因为我们把过去 20 年在电商行业发展的经验和教训都融入其中了。

本书共分为五个部分。

前两个部分讲述了一些真人真事。这些案例的主人公也许就是你身边的朋友，从他们身上你能够找到自己的影子，他们走过的路，也许你已经走过了；他们掉过的坑，也许你也掉过了。如果你还没有开始做兴趣电商，那么他们的教训也许能够让你少走一些弯路，少交一些"学费"。

第三部分重点讲述电商格局的变化。每当新事物产生时，都会对旧有的格局进行洗牌和调整，兴趣电商的出现也不例外，它一定会对已有的电商格局造成冲击，大部分商家都要重新适应。

第四部分是本书的核心：兴趣电商具体该怎么做？我们通过对比兴趣电商和传统电商的异同，来深刻阐述兴趣电商的本质，在对其本质有深刻认识的基础上，找到兴趣电商的玩法，并且提出兴趣电商的模型。总之,兴趣电商要把内容,也就是短视频和直播做好,同时要借鉴自媒体的心态,把这二者结合起来,才能够真正实现变现。

第五部分讲解兴趣电商的未来。我们不知道未来会是什么样子,但是我们知道过去 20 年电商走过的路是什么样子,因此我们可以大胆地预测,在兴趣电商崛起后,这块蛋糕有多大,五年之后大概是什么样子,再反推今天我们应该做哪些准备工作,如何才能抓住当前的机会。所以我们要对未来做一些战略预判,判断好之后就要押重注,将来才能获得成功。

# 目 录

**第一部分　一边经营搜索电商，一边尝试兴趣电商**……001

### 1.1 柳先生的故事：撬动免费流量……003
- 1.1.1 误信了"战略亏损"，导致负债累累……003
- 1.1.2 撬动免费流量，重开天猫店逆袭……007
- 1.1.3 原来抖音上撬动的免费流量更大……010
- 1.1.4 产品和供应链才是撬动免费流量的秘密……013

### 1.2 军哥的故事：如何让成百上千达人卖我的货……017
- 1.2.1 每天卖1万多单却抱怨不赚钱……017
- 1.2.2 他为什么能吸引上千达人带货……019
- 1.2.3 抖音上不赚钱，天猫店却销量和利润齐飞……021
- 1.2.4 只要有一个爆品，这套玩法你也可以复制……023

### 1.3 飞哥的故事：二进二出抖音赔掉百万元……025
- 1.3.1 天猫"霸店"配合做推广，简单玩法赚得丰厚利润……025
- 1.3.2 预算50万元做抖音电商，快赔完了……027
- 1.3.3 预算200万元第二次做抖音，又赔了……029
- 1.3.4 优质短视频就是招财猫，高手都这么做……033

### 1.4 麦糕糕的故事：抖音浅尝辄止……035
- 1.4.1 研究生辞去公务员回乡创业，开创了新品类……035
- 1.4.2 多次被电视媒体报道，拉动电商销量……038

1.4.3　花大价钱拍精美短片发抖音，销量没增加却
　　　　　　吸引了央视和湖南卫视 ………………………… 041
　　　1.4.4　过去成功的电商人，大多数还没"all in"抖音 …… 044
　1.5　从珍珠哥到珍珠奶奶的故事 ………………………………… 046
　　　1.5.1　珍珠奶奶抖音直播卖了 6000 多万元 ……………… 046
　　　1.5.2　她为什么能火起来 …………………………………… 049

第二部分　尝试兴趣电商 ……………………………………………… 053
　2.1　会姐大码女装：当副业遇到兴趣，学费有点贵 …………… 055
　　　2.1.1　货源和供应链是电商人绕不开的短板 …………… 055
　　　2.1.2　粉丝少，推荐量低，怎么办 ………………………… 057
　　　2.1.3　到处学习，到处交学费 ……………………………… 059
　　　2.1.4　从卖货的短视频到用户感兴趣的短视频 ………… 063
　2.2　网红帅哥小潘的故事：人设太"高大上"，变现也难 …… 065
　2.3　大鼓书老艺人的故事：20 多年前就有兴趣商业了 ……… 069
　　　2.3.1　早期卖娱乐内容的盈利模式 ……………………… 069
　　　2.3.2　转变盈利模式后的说书，类似现在的兴趣电商 … 071
　2.4　万元商班的故事：抖音小白创业者多数需要手把手教 … 075
　　　2.4.1　自己开网店月赚 15000 元，众多宝妈纷纷求带 … 075
　　　2.4.2　帮助更多没有经济来源的宝妈 …………………… 077

第三部分　兴趣电商骤起对电商格局的影响 ……………………… 081
　3.1　电商平台或进入三国演义时代 ……………………………… 083
　　　3.1.1　App 之间的竞争就是抢用户 ……………………… 083
　　　3.1.2　最终看谁消耗用户的时间最多 …………………… 085
　　　3.1.3　哪里人多，商业机会就在哪里 …………………… 087

## 目 录

- 3.2 电商的三次价格革命 ········································ 092
  - 3.2.1 第一次价格革命：传统线下经销体系被瓦解 ········ 093
  - 3.2.2 第二次价格革命：以搬运为主的电商人逐渐被淘汰 ································································ 096
  - 3.2.3 拼多多为什么能崛起？天时、地利、人和 ·········· 098
- 3.3 早起的鸟儿有食吃，最早在抖音上"吃到肉"的是哪些人 ································································ 102
- 3.4 品牌商如何应对兴趣电商的兴起 ······················ 105
  - 3.4.1 传统品牌与头部主播互相成就 ························ 105
  - 3.4.2 传统品牌为什么纷纷自播或请直播代运营 ·········· 107
  - 3.4.3 中小品牌对头部主播的刚需 ·························· 109
- 3.5 知名企业群体如何看待直播 ······························ 111
  - 3.5.1 海尔的张瑞敏这样说 ···································· 112
  - 3.5.2 娃哈哈的宗庆后这样说 ································ 113
  - 3.5.3 格力电器的董明珠这样说 ····························· 115
  - 3.5.4 传统企业家的话语权正让位给头部主播 ············ 116
- 3.6 头部主播运营直播基地和工厂前景如何 ············ 119

## 第四部分　兴趣电商该如何做 ·································· 123

- 4.1 搜索电商之淘系卖家转型兴趣电商 ··················· 125
  - 4.1.1 开店流程的异同 ·········································· 125
  - 4.1.2 运营环节的异同 ·········································· 126
- 4.2 社交电商之拼多多卖家转型兴趣电商 ··············· 131
- 4.3 兴趣电商兼顾兴趣和变现 ································· 134
  - 4.3.1 搜索电商似赶集，兴趣电商像逛街 ··················· 134
  - 4.3.2 以生态思维对待兴趣电商 ····························· 136

4.3.3　兴趣电商模型……………………………………………… 139
　　　4.3.4　从兴趣电商模型看头部主播的优势、劣势……………… 141
　4.4　做好短视频，是做好兴趣电商的根本 …………………………… 144
　　　4.4.1　算法驱动的时代：万事万物都被贴上了标签…………… 144
　　　4.4.2　推荐算法：如何从小流量池推荐到大流量池…………… 147
　　　4.4.3　如何平衡爱好很广泛与账号要垂直的矛盾……………… 150
　　　4.4.4　你计算过每个短视频的成本吗…………………………… 152
　　　4.4.5　什么时候开始原创和打造 IP ……………………………… 155
　4.5　直播从零开始精进的步骤 ………………………………………… 158
　　　4.5.1　好主播需要具备很高的综合素质………………………… 158
　　　4.5.2　好主播口才训练是基本功………………………………… 161
　　　4.5.3　一场直播一场戏，主角配角飙演技……………………… 162
　　　4.5.4　降低对主播综合素质的要求……………………………… 164
　4.6　兴趣电商变现环节 ………………………………………………… 167
　　　4.6.1　兴趣电商的小店，没那么重要了………………………… 167
　　　4.6.2　兴趣电商的 FACT 模型：引爆销量的
　　　　　　四大流量渠道………………………………………………… 169
　　　4.6.3　使用这样的价格模型进行直播才能保证利润……………… 172
　4.7　兴趣电商的团队架构与传统电商有什么异同 …………………… 176
　　　4.7.1　传统电商的团队架构以产品为中心……………………… 176
　　　4.7.2　兴趣电商的团队架构以内容为中心……………………… 178
　　　4.7.3　你以为自己只负责卖货，其实你的作用相当于
　　　　　　综艺公司……………………………………………………… 180

第五部分　兴趣电商的未来………………………………………………… 183
　5.1　搜索电商是当下的主流，兴趣电商也许是几年后的主流 …… 185

## 目 录

5.2 多年后兴趣电商依旧是品牌和实力商家的天下 ·················187
    5.2.1 在淘宝培育淘品牌，在抖音培育抖品牌··············187
    5.2.2 积极拥抱资本 ·············································190
5.3 明星从代言到带货，是商业进步，也是常态·····················192
    5.3.1 明星的价值在哪里········································192
    5.3.2 明星的盈利模式将发生巨大转变······················194
    5.3.3 中小品牌不再请不起明星了····························195
    5.3.4 抖音带货为艺人打开一扇门····························196
5.4 要在兴趣电商的红利期押重注·······································199
    5.4.1 为何要抓住红利期········································199
    5.4.2 为什么要预判及押重注···································201
5.5 兴趣电商最致命的弱点··············································204

# 第一部分

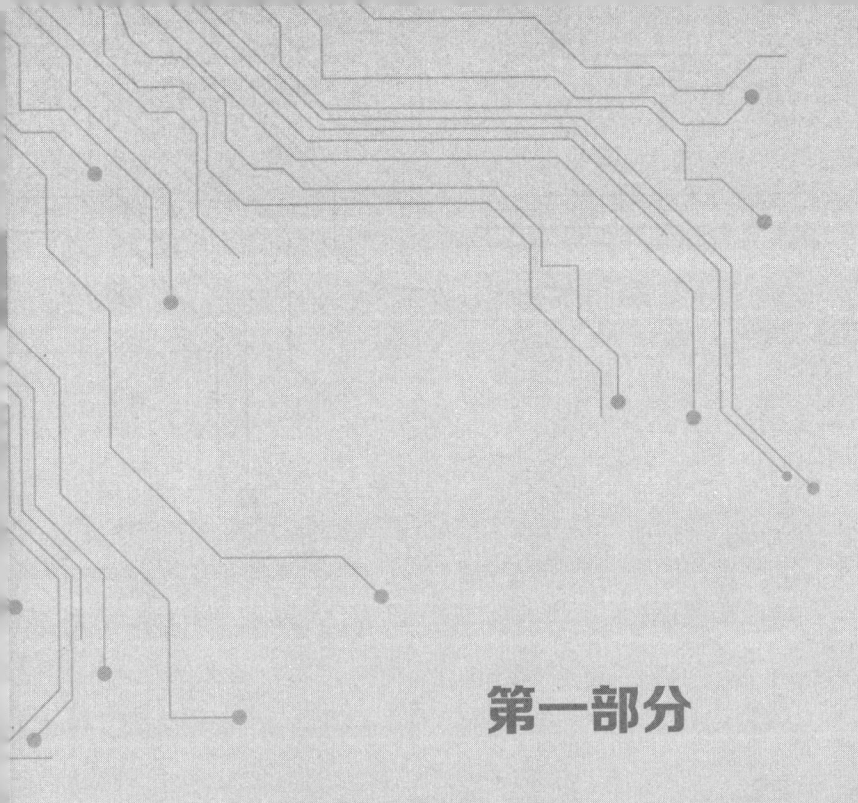

## 一边经营搜索电商，一边尝试兴趣电商

案例中的主人公不一定用的是真名，但每个案例都是真实的，也是我们身边每天正在发生的。笔者没有写那些动不动就做到几千万元、上亿元的案例，也没有只写做得很成功的案例。抖音电商本就刚兴起不久，大部分人都还在摸索，摸索对了方法，就能分一杯羹；摸索不对还要交很多"学费"，这才是真实的情况。

## 1.1 柳先生的故事：撬动免费流量

### 1.1.1 误信了"战略亏损"，导致负债累累

柳先生至今已在电商行业折腾十来年了。想当初柳先生大学就读的是计算机专业，也修了电子商务课程，还没毕业就到电商公司实习。实习一年多后，他大学毕业了，那时他觉得自己既有理论储备又有实践经验，特别想一展拳脚，于是就开始创业。

当时淘宝店还比较火，开一个淘宝店也用不了多少钱，而智能手机刚刚兴起，拉动了手机壳的市场需求。手机壳虽然是一个小众的类目，但是需求量特别大，几乎每台手机必备一个，有的人更是喜欢频繁更换。

于是柳先生就选中了手机壳这个类目,开了家淘宝店专卖手机壳。他的运气很好,第一年就做起来了,销售额突破百万元,柳先生赚到了自己人生的第一桶金。

可是好景不长,第二年形势发生了很大的变化,好像一夜之间就冒出无数家手机壳店铺,包括他的供货厂家,一边给他供货,一边自己也开了好多家店,很多人都想在这个市场里分一杯羹,竞争越来越激烈,柳先生的淘宝店流量急剧下滑。

随着竞争的加剧,比较有实力的卖家纷纷开了天猫店,因为淘宝平台对天猫店流量倾斜严重,排在前面的80%都是天猫店。柳先生也在犹豫到底要不要开天猫店,虽说赚到了第一桶金,但其实手里也就二三十万元的流动资金,要是新开一家天猫店,这点钱全投进去,就没有流动资金了,这生意咋做啊!

柳先生又评估了一下竞争形势,最终咬咬牙,开了一家天猫店,有了天猫店后,他的打法也要升级才行。必须要有一套能让自己在竞争者中脱颖而出的方法,才能快速赚钱,这就是打造爆款的玩法。

怎么打造爆款呢?柳先生了解了很多高手的秘诀,有用淘宝客推爆款的,有用直通车推爆款的。

所谓用淘宝客推爆款,具体策略是,选一个预计能火起来的潜力款式,比如某个产品正价卖20元,现在卖9.9元让淘宝客推,给淘宝客50%的佣金。迅速把月销量做到10万个以上,把同行远远地甩在后面,之后再把价格调回20元。客户在搜索同类产品时,这个爆款处于前三名的位置,即便不再做推广,每天也有大量的自然流量，同行想超越你或追赶你，他们也需要付出同样的代价。一般人不敢这么做。用一句话来总结这种玩法，就是先进行战略亏损再盈利。

使用淘宝客的这种方式是把利益让给消费者，因为价格只有之前的一半，转化率肯定高。同时也把利益让给了推广者，淘宝客拿走 50%的佣金，商家要的就是销量。当然要想得到销量就要付出代价，这个代价就是卖家亏钱，后面再通过免费的自然流量原价销售，把赔的钱补回来，之后赚的钱就都是自己的了。这种做法对销量是有保障的。

所谓用直通车推爆款，具体策略是，先用直通车测款，找出可能成为爆款的产品，为不同款式设计多组创意，看哪个产品的点击率高、转化率高，留下点击率和转化率最高的产品，集中全部资源重点推这个产品。这种推广方式，一天预算至少在几千元，要连续推几个星期。如果产品质量真的不错，性价比合适，用这种方式也能把产品推成爆款。

用直通车推爆款需要投入的广告费用比较高，所以高手对柳先生反复讲，前期要准备足够的资金，等待后期盈利。这也是一种先战略亏损后盈利的玩法。

柳先生太渴望成功了，太想赚钱了，他特别看好一个款式的手机壳，这个手机壳他研究了很久，他认为一推出绝对能大卖。柳先生综合考量了这两种推爆款的方式，他认为，既然都是先要战略亏损，第一种用淘宝客推爆款的方式，好像对销量更有保障，如果用直通车的方式，钱花出去了，销量没有起来，那投入的钱就打水漂了。最终柳先生决定使用淘宝客推爆款的方式。

但只靠自己手里赚的那点钱是不够的，好在店铺有了第一年的积累，柳先生网店的网商贷额度达到了 50 多万元，他决定把这笔钱贷出来赌一把。如果赌赢了，他就能赚到大钱。

一切准备就绪，钱也很快到位了，柳先生安排厂家为他提前生产备货，先按 10 万件生产，他的把握还是比较大的，怕万一卖爆了厂家生产节奏跟不上。

原价 20 元的手机壳，把价格调到 9.9 元卖，又给淘宝客分了一半佣金，淘宝客的积极性一下就被调动起来了，非常卖力地推广，不到一个月的时间，销量就冲到了 10 万，这一批库存眼看着就销售一空了。柳先生认为，转折点马上就要到了，即战略亏损的任务已经完成了，接下来就该是收割自然流量的时候了。于是他紧接着又下了一批一万件的订单，他怕在这种火爆销售的势头下，如果不提前备足货，到时候供应不上，会被平台处罚。

正当柳先生兴奋的时候，有一天他突然感觉店铺一下子清静了，订单量暴跌，客服告诉他，好像没什么流量了。柳先生赶紧找原因，找来找去发现官方出了通告："淘宝客推广销量即日起不再计入搜索排名。"柳先生看到这个消息之后，脑袋"嗡"的一声，欲哭无泪。

柳先生这下非常被动了，前面亏损了那么多钱，做了所谓的战略亏损，都是为了把销量做起来，获得更好的排名，从而撬动更多的自然流量，把亏损找补回来。这一则公告让他前面所做的战略亏损全都白费了，也把弥补亏损的路堵死了，柳先生不仅把第一年赚的第一桶金搭了进去，而且还背负了几十万元的网商贷，同时手里还压了一万件的产品库存不知何年何月才能卖完。这下柳先生手里没有流动资金了，生意也做不下去了。

## 1.1.2 撬动免费流量，重开天猫店逆袭

柳先生从少年得志到负债累累，前后不过两三年的光景，时间虽然不长，却让他尝到了冰火两重天的滋味。不管以前有多大的梦想，现在都要先放下，当下最紧迫的任务是还债。所以，不需要本钱、能赚快钱的项目是他最感兴趣的。

这时柳先生发现小程序特别火。通过小程序既可以赚广告费，也可以在小程序里卖一些虚拟产品，这些虚拟产品也不需要投入本钱，利润空间很符合柳先生的"口味"。用小程序赚广告费跟自媒体的补贴很相似。做了小程序项目之后，柳先生每个月可以有两三万元的收益，收益比起做自媒体低多了。

柳先生觉得赚钱速度有点慢。他急着还清债务，于是不断地动脑筋，拼命想更快的赚钱方法。后来他终于想到一个方法，把小程序这种赚钱的模式打包成项目去卖。客户直接把项目买回去，柳先生帮客户配置好后，客户就可以自己运营了。如果运营得好，也可以像柳先生一样，每个月有两三万元的收入，只需要一次性花9800元购买即可。于是很多人找柳先生买项目。柳先生觉得一个客户、一个客户地卖项目有点慢，于是通过一些有公信力的平台推荐，一次性卖了100多份。被平台抽成了一部分佣金之后，柳先生还收到

了接近 100 万元，然后一次性把债务还清了，柳先生彻底体会到了无债一身轻的感觉。

接下来做什么呢？柳先生对这几年发生的事情做了一下盘点：做自媒体，薅平台的"羊毛"不是长久之计，不能再做了，卖虚拟项目也总觉得心里不踏实……所以柳先生认为还是要回归电商老本行，卖货更踏实。当然，他也对之前的失败做了总结，柳先生认识到，要把电商做好，需要有自己的供应链，因为电商拼到最后就是拼供应链。另外，不能再玩"先战略亏损后盈利"的把戏了。要想撬动免费流量，就要把平台上免费流量的规则给研究透。多花点时间研究流量规则，也能形成自己的核心竞争力。

柳先生从天猫平台上竞争最激烈的女装类目入手研究流量规则。他发现，天猫平台为了鼓励卖家推出新款式，会给每个新品一段流量扶持期。在扶持期内，平台会优先推广新品，全部都是免费的自然流量。平台之所以这样做，是为了鼓励商家不断进行产品创新，从而吸引更多的客户留在天猫平台上购物。

柳先生想，天猫平台既然对女装类目有新品流量扶持，对其他类目或许也有新品流量扶持，但具体是哪个类目，则需要继续研究。反正女装是不能做的，原因一，竞争太激烈了，原因二，他没有供应链资源。

后来柳先生发现女包类目跟女装类目有些相似，平台也对新品有流量扶持，鼓励商家不断地开发新款式的女包。每个新品从上架开始有 20 天左右的新品扶持期，在扶持期内，自然流量很可观。

柳先生盘点了一下自己身边的供应链资源，很巧的是，他居然有亲戚在广州花都开女包工厂，这样资源就对接上了。看来可以从女包这个类目入手，撬动平台的自然流量，柳先生在心里打定了主意。

当然，只有一个款式获得流量扶持是不够的，这并不能形成一种战略优势，他需要把女装类目的打法完全移植到女包类目，频繁更新产品，最好每天都有新款女包上架，这样他的店铺就每天都有新品在流量扶持期，形成流量叠加效应后，网店只用自然流量就能做起来了，无须再花钱推广。想明白之后，柳先生认定了这种打法，即撬动平台自然流量的打法。

他需要做的是，研究各种平台上女包的爆款，总结其特点，然后基于此设计新的款式，迅速生产样品。

亲戚的工厂在极短的时间内把样品款式做出来，然后迅速进入下一个环节，即为样品拍照、拍视频、做详情页，然后上架出售。形成流水线模式后，亲戚工厂的定位也变了，主要用来生产新品的样品。新品一旦有订单产生，量少的让自家工厂做，如果某个产品有爆款的潜质，就把这个款式外包给别的厂家做"大货"。

虽然参考的都是别人的爆款，但并不是每个款式在他手里都能爆起来。柳先生也没那么贪心，他设想的是，每做10个新品，只要有一个能够火起来，然后把20天的流量扶持期完全用好，他就能赚不少钱，而投入并不大，也就是一个制版费，成本和付费流量相比是很低的。如果偶尔能出现一个大爆款，还能大赚一笔，这样就可以形成一个长期、稳定的经营模式。

事实跟所料相差无几，柳先生统计了一下，一年下来做了 300 个新品款式，平均一到两天上一个新款的女包，产生了 40 多个爆款，柳先生的生意做得很红火，一两年下来柳先生又崛起了。

## 1.1.3 原来抖音上撬动的免费流量更大

通过天猫享受到免费流量红利后，柳先生计划再过一两年就在一线城市买房子，很是兴奋。但有一天财务人员给他汇报的财务数据，却让他乐观不起来了。他发现天猫店的流量在下滑，尽管自己的流量不花钱，撬动的是免费流量，但销售额在下滑，所以最终利润也在减少。

柳先生又产生了危机感，他很苦恼："为什么每次找到一条出路，享受胜利果实的时间那么短暂呢？"也就一两年的工夫，红利就开始降低了。柳先生跟很多朋友交流，大家也都是同样的感受，这个时代变化太快了，新技术发展迅猛，基本都是各领风骚两三年。

有一天，一个朋友带柳先生去另外一个电商朋友处参观，那个朋友没有做天猫店，而是做的抖音电商，一天出货一万单以上。参观归来之后，柳先生受到了刺激和启发，他决定把天猫店交给他的助理管理，他准备把主要精力都放在抖音上，他预感到新的风口来了。

趁着春节期间，他推掉了所有的杂事，一门心思学习、钻研和测试抖音电商，他要找的是在抖音上撬动免费流量的规则，就像他在天猫平台上用新品撬动免费流量一样。他认为抖音上应该也有流量扶持，可以让他付出最小的代价，撬动最大的流量，他要找的就是这背后的规则。

不过做抖音跟开天猫店有所不同，在抖音上做电商，你要么拍视频要么搞直播，这对柳先生来说是陌生的领域，于是他招了一个主播，他负责为这个主播做运营、搞流量。而他真正关注的，是如何从平台撬动更多的免费流量。

经过反复测试，柳先生发现抖音平台为直播间输送的流量是分批的。如果你的转化率在不断提升，平台输送的流量就一波多过一波，也就是呈上升态势。如果你的转化率越来越差，平台为你直播间输送的流量就一波比一波少。可见核心的秘密就在于高转化率。在平台看来，它给你输送流量，你来帮它转化，这样才能实现流量的价值。谁帮它实现的流量价值越大，它就为谁输送更多的流量。

柳先生还发现，这一切都可以通过数据来量化，也就是通过数据反馈来指导运营。运营者可以根据直播间反馈的数据，随时调整直播节奏，安排不同的产品出场。因为不同的产品性价比不同，转化率有高有低，当然利润也不一样，需要交替出场。这样既能照顾转化率，从而撬动平台的免费流量，又能兼顾不同产品，卖出不同利润。

总之，只要直播间的反馈数据一次比一次好，转化率在提升，就说明直播间在进步，能留住人，并且能让客户掏钱。平台会根据这些数据把你推到下一个更大的流量池里。这些数据是有记录的，只要你之前的数据好，哪怕是刚开播，流量也很快能上来，不需要熬时间。柳先生发现了免费流量的撬动规则之后非常兴奋，他开始把更多的注意力放在整合货源及供应链上,因为这才是核心竞争力。有价格优势的产品,才是转化率的保证,才能用得上研究出的这些诀窍。

为什么要把注意力放到供应链上呢?说白了就是要生产价格更低、性价比更高的产品,不需要款款都是这样的产品,但至少需要有一款,因为这样的产品能拉高转化率。我们看到那么多 9.9 元包邮的产品卖得非常火爆,无数的案例证明,这个价格的产品购买率最高,反正不超过 10 元,即使买错了也无所谓,很多人对这种产品的需求没那么强烈,可买可不买,但因为不值钱,所以就买了。

如果您有一款产品刚好在这个价格区间,那么就有了高转化率的第一个优势。第二个优势就是性价比要高,只价格便宜还不够,还要让客户感觉很超值,性价比高,机会难得,错过就没有了,所以直播间还要运用一些技巧,制造紧张抢购的气氛,俗称"逼单"。有没有低价引流产品关乎能不能成功撬动平台流量,于是,柳先生又调整了亲戚工厂的定位,重点生产低价引流的产品。

实际直播开始后的画面是这样的:柳先生作为运营者,居中调度安排主播卖不同的产品,一开播先上低价的引流产品,又叫福利款。这种产品转化率很高,大部分人一进直播间就会购买,直播间的转化率迅速提升,平台很快就会推送第一波免费流量。等到直播间的在线人数达到第一次小高峰时,柳先生会安排主播穿插售卖一些价格高一点的利润款产品,同时再付费投一点 DOU+广告,一般也就 50 元或 100 元。本来火苗已经起来了,再吹点儿风,让火势更旺。这样不仅用引流款撬动了免费流量,同时利润款也能卖出去。一般情况下,利润款卖一会儿后,数据就会开始下滑,柳先生会赶紧安排主播重新上架福利款，拉升转化率。福利款一上来，转化率又会跟着上升，平台又会推送一波流量。等流量上来之后，柳先生又会安排主播卖利润款产品。就这样随时监控数据，交替调整主推产品，既能撬动更多的免费流量，又能够收获利润。

这就是柳先生摸索到的撬动抖音平台免费流量的诀窍。

从开始摸索学习，到掌握这套诀窍，短短几个月时间，柳先生就在抖音上做到了日卖几千单。

之前经营天猫店，赢就赢在供应链上，是因为出新品的频率比较高，几乎一两天就有一个新款式出来，这是柳先生的核心竞争力。如今到了抖音上，需要调整一下战略。除了款式多，还需要有性价比更高的产品。

## 1.1.4 产品和供应链才是撬动免费流量的秘密

当柳先生发现了撬动抖音平台免费流量的秘密之后，他心里非常感慨，经常听人说"功夫在诗外"，现在他对这句话越来越认可。很多看似平台里的窍门，真正落实起来，却要把功夫花在产品和供应链上。

没有低价格和高性价比的产品，再好的窍门也用不上。之前他在天猫店获得的流量红利，其实也是赢在供应链上，不断上新品成了他的核心竞争力，他也借此撬动了天猫平台的流量红利。

现在到了抖音平台上,柳先生发现规则变了,不是只靠款式多就能取胜了,他需要有性价比更高的产品,有了这样的产品,他才能玩得得心应手。

柳先生还不满足于现在的成绩,他想像那个朋友一样每天实现上万单的销量,所以他需要继续在产品和供应链上下功夫,压缩福利款产品的成本,这样就可以实现更高的性价比,进一步提升转化率,从而撬动更多的免费流量。

柳先生想降低福利款产品的成本,他需要先做一个测试,看看进一步提升产品性价比,是否有助于提升转化率,从而撬动更多流量。他先从目前9.9元包邮的女包福利款产品开始调整。本来9.9元包邮的女包,还有1元多的利润,为了做测试,柳先生决定这个利润也不要了,直接降价到8.8元包邮。柳先生想,自己只是少赚了1元,如果流量能增加10%,相当于自己花了1元,买了这10%的流量,是很划算的。

果然不出所料,福利款降到8.8元之后,从后台的数据反馈来看,转化率更高了,每一波流量也更大了。总流量至少增加了15%。这次测试很成功。

柳先生接下来的任务,就是进一步压缩福利款产品的成本。如何进一步压缩福利款产品的成本呢?那就是提高产量,"稀释"固定成本,以及降低原材料价格。产量提升了,厂家也有了议价能力,能进一步降低原材料的进货成本。但是这既需要冒一定的风险,又需要庞大的资金量做后盾。

恰好这个时候有人想给他投资，投资方观察柳先生很久了，他们看中了柳先生的运营能力，想把柳先生的电商体系并购成为自己集团的一部分，并打算在未来上市。柳先生正好需要资金，双方一拍即合，首期 600 万元的资金很快就到账了。

按照以往的惯例，一般企业融资之后，都会把钱砸在推广上，但柳先生反其道而行之，没有把钱砸在推广上，而是加大了福利款产品的生产量。亲戚工厂有钱了，采购原材料的量也加大了，比如原来以千件为单位采购原材料，现在有了资金之后，直接以万件为单位采购原材料，使原材料的成本又下降了两三成。经过重新测算，福利款的女包成本下降了将近 2 元。

有了更低成本的福利款女包，柳先生又做了一个疯狂的举动。他为了进一步撬动抖音直播间的免费流量，把原来 9.9 元包邮的女包，跳过 8.8 元包邮，直接变成 6.9 元包邮。结果不出所料，转化率又提升了 10%，而撬动的流量又增加了 20% 左右。经过这一系列操作，直播间的转化率和流量都达到了高峰，订单量终于突破万件。

订单量的目标实现了，但是利润却不理想，所以接下来柳先生需要进一步优化利润。他发现，当大量流量涌入直播间之后，主播喜欢直接卖 100 多元的女包。因为价格比较高，主播可以拿更多的提成。

但从 9.9 元或 6.9 元的福利款直接跳到 100 多元的利润款，会让直播间流失大量用户，所以柳先生在中间增加了几个价格档位，分别是 38 元、68 元、99 元，并且要求主播按照价格从低到高，逐渐推进，这样用户会更容易接受。经过这样的调整之后，粉丝流失的速度没那么快了，出单量也开始增加。等到下一次再撬动流量的时候，因为前一波流量流失得比以前少，所以这一次流量上升得更快。柳先生作为运营者，就是一直盯紧数据，随时进行调整。

柳先生在优化直播间的同时，也发现他的朋友在用短视频往直播间导流。虽然柳先生一个短视频都没有拍过，只在直播间带货，而且做得还很不错，但他确实也有苦恼的地方，就是卖利润款产品的时候转化率很低，会造成很多流量的流失。而他的朋友用短视频为直播间导流后，在推利润款产品时效果会好很多，所以他决定也用短视频往直播间导流。

经过测试发现，短视频吸引进直播间的流量更加精准，购买力也更强。后来他想明白了，用低价吸引进来的流量，都是奔着低价产品来的。而当你卖高价产品的时候，这些流量就会离开。而用短视频吸引进来的流量，是被内容所吸引的，对价格有了心理承受能力，于是利润款产品的转化率就会得到提升。

第一部分　一边经营搜索电商，一边尝试兴趣电商

## 1.2　军哥的故事：如何让成百上千达人卖我的货

### 1.2.1　每天卖1万多单却抱怨不赚钱

"今天到现在卖了 11000 单，但其实不挣钱。虽然不挣钱，但有很多流量会跑到我的天猫店里购买产品。最终我的天猫店还是挣钱的。"说这句话的人是某严选的创始人军哥，他在我们的电商交流群里，发了一个当天抖音小店销售统计的截图，同时说了上面这段话。

军哥是做零食的，客单价都不高，销量一直不错，因为有自己的独家供应链。他做电商有十几年了，在每个主流电商平台上都有网店，加起来有几十个之多。在众多网店中，天猫店是他心中的主打店铺，也是贡献利润最高的地方。

军哥开抖音小店是为了赶时髦,刚开了不到一年。虽然看起来发单量很大,生意很火爆,但是因为利润很低(不到1元),所以他才说不挣钱。

一天能发一万多单,这在外人眼里,生意已经非常火爆了。但只有他自己知道,这么高的销量,需要一个不小的团队来配合。所以算下来,每天也就只能赚几千元。相比其他平台,在抖音上的利润率低了很多。

军哥的利润率为什么那么低呢?这跟他在抖音上的经营方式有关系。

军哥在抖音上是供应商的角色,开通自己的抖音小店之后,主要靠别人来推广带货,他负责提供产品,这些达人有用短视频带货的,也有在直播间直接销售带货的。

像他这一天发出一万多单,说明有几百个短视频同时在推这个产品,有几十个直播间同时在卖他的货,所以才会产生这么大的销量。虽然利润比较低,但自己也节省了很多时间、精力,尤其是没有花钱做推广,还节省了不少成本。

要想达人帮你带货,就要给达人留下足够的利润空间,这样达人才有动力帮你推广。当然产品的客单价也不能太高,客单价如果太高,销量就上不去。因为转化率跟客单价有很大的关系。

也就是说,既要卖得便宜,还要给主播及短视频达人留下足够的利润空间。这样一来,军哥自己的利润空间就被挤压了。

军哥给推广者留下了多大的利润空间呢?17%。

我们可以简单推算一下，比如一个卖 9.9 元的产品，从销售额中减去 17% 的佣金，即推广达人可以拿到接近 2 元的佣金，还要去掉 3 元左右的快递成本，再去掉 1 元左右的打包成本，以及 4 元的产品成本。拼命挤一挤，才能挤出几毛钱的利润。所以他要想挣钱，就只能靠走量。如果量小了，根本就不赚钱。

这也是现在电商普遍的情况：很多商家要么没有生意，要么生意看似很红火，利润却非常小。如果销量再上不去的话，除去团队庞大的开支，老板基本剩不下什么钱。

## 1.2.2 他为什么能吸引上千达人带货

其实 17% 的推广佣金并不是最高的。打开抖音小店的后台，进入精选联盟里边看一下，你会发现很多产品的推广佣金都很高，有的超过 50%，还有的达到 70%。当然能给这么高佣金的，绝不是普通的产品，通常都是比较特殊的产品。

当然，17% 的推广佣金也不是最低的，有一些品牌产品给出的佣金就在 5% 左右，特别是品牌知名度比较高的产品，如网红品牌李子柒的一些零食，佣金只给到 6%，但照样有很多人推。为什么呢？

答案就是好卖。

佣金比例的高低只是一个方面，达人通常会综合衡量各种因素，才决定推不推你的产品。

军哥因为这些年一直从事电商行业，所以累积了很多推广资源，尤其是过去在淘宝平台上，跟很多淘宝客建立了不错的关系。近两年，这些淘宝客闻风而动，纷纷转战到了抖音平台上，有的甚至一跃成为团长（淘宝客中的组织者俗称团长）。

军哥主要联络了抖音平台上精选联盟里的团长。团长出面帮他组织主播和短视频达人，帮他带货，然后从中间抽取一定的利益提成。就这一点资源优势，让军哥比别人抢占了很大的先机。如果没有团长帮他组织达人来推广，只靠自己去找达人的话，即便你给达人很高的佣金，他们也未必会帮你推广，因为产品太多了，达人实在是应接不暇。

军哥借用资源上的优势，通过已有的团长认识了一些新的团长，再加上抖音上的带货能力很强，军哥的产品在很短的时间内就冲上了排行榜的第十名。

网络上就是这样，马太效应非常强，只要你卖得好，大家都会争着抢着帮你卖。如果你卖得不好，正在卖的推广者也会抛弃你。

军哥的产品在短时间内冲上了排行榜，这又吸引了一大批不认识的达人，在军哥不知情的情况下，就把产品挂到了他们的短视频橱窗和直播间里。

一个产品能上榜，意味着这个产品好卖。所以排行榜就相当于一个招商榜，它真正的重要意义，其实是广告作用。

其实很多行业都是这样的，比如我们看到的畅销书排行榜也是这样的，图书上榜本身就是一种推荐，既是在向买家推荐，也是在向卖家推荐。因为推广者要经常面临选品困难的情况，当他们不知道该卖什么的时候，最简单的办法就是直接参考排行榜。

榜上有名的产品，越是排名靠前，就意味着越好卖，好卖才是第一位的。好卖意味着产品热卖，价格有优势，受市场欢迎。供应商需要在这方面多下功夫，做好卖的产品，这才是立商之本，除了产品好卖，平台上的技巧也很重要。对于军哥来说，在技巧方面他已经完全娴熟了，他的技巧就是快速把产品做到排行榜上。只要产品在榜上，就意味着招商广告天天都在，即便你坐着不动，也会有很多达人主动推你的产品。

所以军哥既不拍短视频也不直播，只把供应链做好，牢牢占领排行榜就可以了，虽然利润比较低，但赚钱相对来说还是比较轻松的。

## 1.2.3　抖音上不赚钱，天猫店却销量和利润齐飞

本来军哥并没有多看好抖音电商，这一点从他的做法就能够感受到，他只是开了一个抖音小店，自己既不拍短视频，也没有做直播。他只是听别人说抖音短视频带货很"猛"，直播带货出单量很大，所以他想体验一下到底是不是真的，但他的团队又不擅长做这些，所以他就想到了借用已有的资源，让别人来帮他推广。

军哥内心其实是挺反感抖音的，因为之前他在别的平台上做得好好的，利润也不错，产品都是卖十几元的，现在为了在抖音上把产品推成爆款，把价格降到 9.9 元，这让他的利润空间压缩了很大

一块儿。再给推广者分去两成左右的销售额,他基本上没利可图了,所以他也就是想体验一下,如果实在不行,就把小店给关了,反正投入也不大。

但是当这套模式真正运转起来的时候,他却获得了额外的收益。抖音上每天产生的一万多个订单,不是很赚钱,但他没想到的是,他的天猫店的销量也跟着增长了起来。实际上他在天猫店什么都没做,既没有增加推广预算,也没有做其他营销活动,而且天猫店的商品比抖音上卖得贵。这样一来,抖音上少赚的钱,反而从天猫店上找补回来了。

电商群里的群友就问军哥为什么会这样,军哥说他做过详细研究,有的人看到很多视频和直播间里都在推某个产品,他们不信任抖音却又想买这个产品,所以他们又会到天猫去搜索这个产品,然后就找到军哥的店里来购买了。

群友接着问军哥:"为什么你说你在抖音上不赚钱,却在天猫上找补回来了呢?"

军哥说:"这很简单呀,首先,我天猫上的产品价格比抖音上的贵,这是不是增加了利润?其次,我在天猫上没有做推广,不用给达人支付17%的佣金,这一块省下来,这个利润是不是又回到我手里了?关键是在抖音的拉动下,我天猫店上的销量增加了很多,增加的销量乘以天猫店的利润空间,总利润很可观。我在抖音上虽然赚钱少,但是在天猫上赚得多一些,这些都是没有花钱就带来的增量,所以我们现在也在享受抖音的红利。"

军哥的说法我们非常赞同,其实电商平台之间并不是相互隔绝的,虽然平台与平台之间是竞争关系,但客户却是自由的,他相信哪个平台就在哪个平台上购买，而且客户心里对不同平台都是有不同定位的。比如买电器或 3C 类的产品到京东上买，买服装就要到淘宝上买，想买低价商品就要到拼多多上买，那在抖音上碰到喜欢的，可能就直接购买了。实际上消费者并不糊涂，对于不同的产品，他们有不同的购物路径，而且已经养成了习惯，这种习惯不是一下子就能改过来的。

军哥的这种做法对于我们正在开天猫店和在其他平台上开网店的人是一种借鉴，即有时候你即便看不上或不会做抖音，也可以通过抖音给你其他的网店增加一些流量和客户。

## 1.2.4　只要有一个爆品，这套玩法你也可以复制

虽然军哥对每单不到 1 元的利润有点看不上，即便一天有一万多个订单，也只能赚几千元。不过我们很多群友还是很关心他的这套方法能不能复制。

所以群友们向军哥请教："如果要想复制这套玩法的话，核心秘诀是什么？"军哥也毫不保留地分享他的秘诀，他说："核心秘诀就是一定要把一个产品做到细分品类的第一。"

"比如说你看我的产品其实挺多的，但其中有一款产品，就是这个爆米花，不管是在抖音上还是在其他平台上，我都做到了第一。我这个'第一'是综合排名第一，它包含了产品质量、价格、口感及口碑等方面，这个产品也是推广者推得最多的，我的其他产品也都被这个产品拉动了起来。"

"所以，平台上的玩法虽然很重要，但最根本的还是平台之外的产品，你的供应链有没有优势？你有没有一个拳头产品？这个拳头产品在细分领域里有没有做到第一？"

"'第一'是比较出来的，你可以把你的产品和竞品放在一起，进行各方面的比较，如果你的价格没它的低，你就要压缩成本。如果产品质量没它的好，你就在质量上下功夫。如果你的产品口感不如它的，你就要提升你的产品口感，把这个做到位了，有了这样的产品，推广起来就是四两拨千斤。"

我们又接着请教军哥："从你的订单来源来看，到底是短视频带货厉害，还是直播带货出单量大呢？"

军哥说："别人的我不知道，就我们的订单来源来看，短视频带货要比直播带货厉害多了，短视频带货产生的订单至少是直播带货订单的五倍以上。"

群友又问军哥："你这套玩法谁都能玩得了吗？"军哥在群里发了一个"大笑"的表情，最后他给大家的建议是，如果你有供应链优势，就要及早进入抖音，越早越好，越早越能吃到"肉"。如果进去晚了，只能喝点"汤"，像天猫现如今的竞争形势，没有雄厚的资本和供应链优势、团队优势，你连"汤"都喝不到。

当然有一点特别重要，那就是资本要充足，因为抖音太"压"钱了，你卖得越多，你需要的资金量越大，没有雄厚的资本，到最后你可能自己压根儿就转不动了。

## 1.3 飞哥的故事：二进二出抖音赔掉百万元

### 1.3.1 天猫"霸店"配合做推广，简单玩法赚得丰厚利润

飞哥是做饰品包包的，依托义乌的小商品供应链优势，短短几年内飞哥在电商领域做得风生水起，赚了不少钱。他的做法十分简单粗暴，就是每过一段时间，就把赚到的钱拿出一部分去新开一家天猫店，最多的时候他有六七十家天猫店。这些天猫店有的是他自己申请的，有的是花钱找人代开的，后来更多的是直接买别人的。

有人会问：为什么要买那么多天猫店？把一个店开好不就够了吗？这就反映了飞哥的经营思路，他要做的是在细分领域下的一种小垄断。

过去我们听过一个词叫"霸屏",是指当我们搜索某个关键词的时候,出来的全是相关的信息内容,占据了满屏,根本看不到其他的内容。飞哥沿着这种思路,把"霸屏"改成了"霸店",他希望在一个小众类目中搜某个关键词时,会出来很多个商家在卖,这其中哪家店卖出去都可以,因为这些店都是他的。

客户有这方面产品的需要,可以货比三家,也可以货比十家,这些店虽然叫着不同的名字,甚至公司的所在地也天南地北,但实际上其老板都是飞哥。

飞哥的另外一个配套策略就是他在付费推广上很舍得砸钱,出手很大方。

一般电商人都显得比较小气,会在推广上锱铢必较,为什么飞哥却出手那么大方呢?因为他有底气。飞哥深知,他把这些推广费用在客户身上,只要客户是真正有需求的,就一定会买。他的底气就在于:无论你去哪家买,都逃不出我的手心。所以他的这些广告费最终都是有回报的,而且转化率很高。

以往我们付费做推广总是纠结于某个产品的转化率高不高,投出去的广告费能不能收回来。其实我们纠结的只是一个店铺的某个产品的转化率,即今天总共投入多少广告费,产生了多少营业额。但实际上这是一种很大的浪费,因为你给同行做了很多的贡献,很多消费者可能点了你的广告却并没有在你的店铺里购买。

而飞哥就不一样了,因为他拥有多个店铺,这些店铺形成了矩阵。他的广告费投出去,只要客户选择购买,基本上都会落入他的矩阵之中。因此飞哥投的广告转化率是最高的,浪费率是最低的。

因此他投入的广告费越多，产生的回报就越多。飞哥运用这种策略，每赚到一笔钱，就拿出一部分新开一家天猫店，同时拿出一部分投入在广告上。就这样不停地滚雪球，雪球越滚越大，短短几年的电商生涯，就让他狠狠地发了一笔财。

## 1.3.2　预算 50 万元做抖音电商，快赔完了

正当飞哥在天猫电商里做得风生水起的时候，他发现电商圈里的小伙伴都开始玩起了抖音，小伙伴一个个用抖音带货，每天发货量都很大，看得他心里直痒痒。

这些小伙伴之前都是跟着飞哥干的，要资源没资源，要资金没资金，但在短短一年的时间内实现了逆袭，这让飞哥心里非常不平衡，优越感一下子就没了。他也决定玩抖音，不过他要带着资金玩抖音，让小伙伴看看什么是财大气粗。

飞哥对自己团队的成员说："咱们先拿出 50 万元来试水抖音，还像做天猫店一样，直接玩粗暴的，先开它 10 个抖音小店，每天砸它 1 万元做推广，我就不信超不过他们。"

根据飞哥的安排，从原电商团队里分出了几个人做抖音，客服可以共用，美工也共用，负责视频剪辑。重点是推广人员，调了一两个原来负责做直通车的高手，他们需要熟悉新的推广平台，之后负责投放巨量千川。

抖音小店很快就开起来了，一切都复制天猫店的玩法，把天猫电商卖得好的产品，直接复制到抖音小店里，同时把天猫店里卖得好的产品的视频，发到抖音里做内容，当成抖音的短视频，然后开始砸钱做推广。

大家都非常有信心，这些视频之前的转化率非常高，为飞哥赚了很多钱。

每天预算一万元的广告费，按说也不少了，不过分到10家小店上，一家小店平均只有一千元，往往每天不到两小时，这一千元就烧完了。对于飞哥来说，烧钱不怕，以前他做天猫店的时候经常发愁的就是广告预算花不完，推广费花不完意味着流量不足。现在来到抖音，流量太足了，推广费很快就花完了。飞哥一直盯着订单量，他有点不敢相信自己的眼睛，花了一千元的推广费，成交还不到10个订单，飞哥懵了。

这可都是之前在天猫店转化很好的视频啊，怎么拿到抖音上转化率这么差呢？每个抖音小店销售金额加起来也就一两百元，10个小店加起来每天的营业额也就一两千元。推广人员一看这结果，立马慌了，问飞哥还要不要继续投。飞哥平复了一下心情，回忆了一下他刚做电商的时候，也是走了一段弯路，才慢慢摸索到赚钱的门道的。于是他给团队打气："这刚第一天，着什么急，小店和产品还是'冷'的，启动需要一个过程。安排咱们私域流量里的老客户都来捧捧场，只下单不收钱，产品送给他们，先让销量'热'起来，另外，推广也要抓紧，不能松懈。"

团队成员看到老板很有信心，于是也都重整旗鼓。发动了老客户资源后，抖音小店里的基础销量很快就很可观了，但是靠推广进来的流量转化率还是很低，实际订单没有增加几个。推广人员非常焦急，加班加点地优化广告创意，分组测试，但结果却不尽如人意。眼看着过了一个月，推广费也烧掉了 30 多万元，但是还没有扭亏为盈，团队人员动摇了。他们劝飞哥"抖音不好玩"，飞哥其实也动摇了，每天赔万把元的他心在滴血，却还要强装镇定鼓励团队，如今看到团队成员都这样说，刚好就坡下驴直接叫停，抖音小店全部关掉，人员回归原位，这下飞哥终于能睡个好觉了。他盘点了一下，之前的 50 万元预算，好歹还保住了几万元，这就是飞哥一进一出抖音的过程。

## 1.3.3 预算 200 万元第二次做抖音，又赔了

过了一两年之后，飞哥的"伤口"愈合了，他注意到圈子里做抖音的朋友越来越多，而且做得很不错，他跟朋友之间快没有共同语言了。与此同时他发现天猫店的生意也在逐渐下滑。人都跑哪里去了？难道是被抖音抢走了吗？飞哥不断地问自己。他在做心理斗争，要不要再重新做抖音？

飞哥心里其实很不服气，为什么别人能做好自己就做不好？为什么那么多没钱、没资源的人都能做好，自己有钱、有资源反倒亏了很多钱呢？他越想越来气，越想越不甘心，决定重新做抖音。

但这次在做之前，要好好地研究下别人是怎么做的。他把天猫店的事务交给了运营，自己每天拿出两小时来刷抖音。在这两小时里，他有一半的时间是在看别人是如何直播的。

研究了一个月之后，飞哥觉得自己已经掌握了抖音的玩法。于是写了一个抖音进军计划书，准备开始第二次进军抖音。

计划书的核心内容如下。

第一，在产品定位上走中高端路线。很多卖家都走低价路线，价格非常便宜，飞哥擅长付费推广，这是建立在产品售价有足够利润率的基础上的。只有走中高端路线，才能有足够的利润率支撑付费推广。

第二，以直播带货为主。飞哥研究了很久，发现低价产品靠短视频带货，卖得比较好。高价产品，还是要靠直播带货才更能展现出产品的质量。飞哥看了一下同行，卖中高端价位产品的，直播间看起来都比较豪华，像一个商场一样大气明亮，产品在这样的场景下售卖，给人感觉物有所值。不过要搭建这样的直播间，至少需要投入几十万元。

第三，只开一个抖音小店。不再把摊子铺那么大，以前传统电商的玩法，也需要因地制宜地进行调整。

第四，组建一个新团队。之前的团队守住老地盘就行，不再动用老团队里的一兵一卒。抖音这边全部招新人，首先招口才好的主播，经过筛选留下3个综合条件不错的主播，并且为主播配备了助播。同时高薪挖来了一个推广人员，据说特别擅长在抖音上投广告，能随时调整广告投放节奏，往直播间引流。客服本来是可以共用的，但飞哥为了新团队不受旧团队的任何一丝影响，也决定招新人，招收了两个经验丰富的客服。这个团队就算建立起来了。

第五，预算 200 万元。兵马未动，粮草先行，为了展现做好抖音电商的决心，飞哥这次加大投入，准备了充足的"粮草"。

有钱好办事，豪华的直播间很快就搭建好了，飞哥又买了一些高配置的设备，一切准备就绪之后就开播了。飞哥对主播的要求是，几个主播轮流播，每天播够 12 小时。之前飞哥见识过玩淘宝直播的为了让观众人数一直积累，也是安排几个主播连轴播，平台会给很多自然流量，奖励直播时长比较久的直播间。再者，用户一进直播间就看到在线人数很多，人气很旺，更容易留住人。

但是真正开播之后，飞哥发现，抖音直播间的推荐机制跟淘宝直播不一样。主播播了很久，一直熬时长，直播间进来的人还是寥寥无几，很多人进来看一眼就走，留下的人也不买，直播一天也出不了几单。

恰好，飞哥挖来的推广高手到位了，于是开足马力投付费广告，往直播间导流，慢慢地，订单量开始增加了。从每天卖几百元，增加到几千元，再后来一天可以卖出上万元。但主播们不知道的是，一天花掉的推广费就要两三万元，是销售额的几倍。飞哥的心在滴血，他希望能快点熬过去。

后来有人给飞哥指点说，你的客单价太高，直接花钱推直播间，转化率太低了，别人都是用短视频给直播间导流。飞哥回想起第一次玩抖音失败，就是付费推广短视频，再用这个办法岂不是走老路？那人提醒飞哥说，你之前的视频是纯产品广告，你应该专门拍粉丝感兴趣的短视频，平台就会给你推荐流量。

于是，飞哥又招人组建了短视频制作团队，专门拍摄短视频。但是拍什么内容呢？拍来拍去还是回到了产品上，因为实在不会拍别的内容。

短视频发布之后，确实有一定的流量，直播间的人数也增加了不少，订单量也增加了。但是等热度一过去，流量又下滑了。飞哥赶紧让推广人员调整策略，把推广直播间的预算，分一半用来推短视频。果然，短视频有了付费加持，流量又上来了，直播间的订单量也跟着增加了。但是当投放一结束，短视频又没有流量了，直播间也不出订单了。飞哥简单地算了一下，他的抖音电商每天仍然在赔钱。

飞哥真是没招了，自己学来的全用上了，还是没火起来。他压力非常大，养这么多人，每个月要发 10 万元的工资，每天的销售额却还没花出去的推广费多。时间过得真快啊！眼看做抖音有半年了，但是这半年，比他之前做传统电商的 6 年都累，他不明白之前有用的招数为什么现在都不灵了。飞哥停下来盘算了一下花费，吓了一跳，包括装修直播间在内，他已经花掉了 100 多万元，如果还不能扭亏为盈，剩下的这点钱也坚持不了多久。

就在这时，主播们集体提出辞职，理由是看不到希望，拿到的提成太少。主播一走，整个团队就垮了，飞哥一开始很愤怒，他投了那么多钱，也许再坚持一下就成功了，可后来他也想通了，现在收手还能留下几十万元。终于，团队解散，飞哥第二次退出了抖音，虽然心有不甘，但他没有任何办法。

## 1.3.4 优质短视频就是招财猫，高手都这么做

像飞哥这样二进二出抖音、丢盔卸甲赔了上百万元的例子不在少数，他们把过去的成功经验直接套用到新的平台上，成功率却很低。那怎么做才能成功呢？就这个问题我们请教了另外一个高手海洋，据我们所知，海洋在抖音电商上赚了大钱。

海洋最早是从百度竞价起家的，也很擅长做付费流量。他觉得花钱买流量比较简单，而自己做内容、再通过内容吸引流量太慢。

但他的做法跟别人不一样，他把优质内容与付费广告二者结合在了一起。即他在短视频上下了很大的功夫，但是他下功夫的方式跟别人是不一样的。海洋每天都要花七八个小时刷抖音，就是为了发现优质的视频。

什么是优质的视频？优质的视频就是那些播放量很大、点赞量很高、评论很多、还能带货的视频，他要找的就是这样的视频。有时候很幸运，一天刷七八个小时下来能找到一条符合条件的优质视频。有时候不走运，三五天也碰不到一条这样优质的视频。

他找这样的优质视频干什么用呢？

他在找到这样的视频之后，会安排自己人参考这个视频去衍生新的创作思考，然后再不断优化，提升质量，当这个视频做好之后，他就开始投付费推广。真正优质的好视频，就像汽油一样，只需要一根火柴轻轻一划，就能把它点燃。这也是优质视频的特点，不需要你费很大劲儿，它就能火起来。

不管是平台给的推荐量，还是自身获得的点赞量、评论量，这种视频的各项数据都能迅速上升。再加上有付费推广的加持，很容易就能实现小热门。最关键的是，这种视频的转化率很高，带货能力很强。很多人看了这样的视频后，都会不自觉地点一下左下方小黄车里推荐的产品，这样产品就有流量了。因为短视频已经做好了销售的铺垫，所以产品转化率也不错。

这种优质的视频，就是海洋赚钱的工具，海洋在这种视频上投入了很多的广告费，但收益比广告费高多了。海洋每天花七八个小时，就是希望能找到这样的优质视频创作思路。找到这样的创作思路，就相当于找到了一个招财猫，能够源源不断地帮他赚钱。

海洋参考原视频创作的这些视频，最终的播放量和产生的收益，比原视频的数据还要好。为什么呢？因为一个视频在平台上火的时间是有限的，那些原创者基本上不会做付费推广，全靠自然流量，所以火一段时间之后就会沉下去，这么优质的视频却任其沉下去，实际上是很浪费的。而好的视频到了海洋手里，他会一直为这个视频做付费推广，直到这个视频被他榨尽最后一分价值。所以他的优质视频产生的效益，要比原视频的效益不知道好多少倍。

任何事情都是有窍门的，在没有打开窍门之前，即使花很多钱，也不会产生好的效果。飞哥过去投广告，投的都是图文广告，在淘宝、天猫平台上投放那样的广告，只要图片点击率高就能带来流量，只要详情页做得好，就有转化。但是在抖音平台上，全靠视频说话，他之前的视频都是以产品为中心的，在很多人看来就是广告，而大多数人并不喜欢广告，所以平台给他的推荐量就很低。

而海洋寻找并参考的视频，确实是大众感兴趣的内容，同时兼具了带货的功能。他每找到一条好的视频，就能赚几十万元。

## 1.4 麦糕糕的故事：抖音浅尝辄止

### 1.4.1 研究生辞去公务员回乡创业，开创了新品类

麦糕糕夫妇在研究生毕业之后都做了公务员，公务员的待遇比较优厚，工作也比较轻松。刚开始的几年，确实很舒服，但时间久了之后，麦糕糕觉得这不是她想要的生活，她需要再找点事做，让自己忙碌和充实起来。

麦糕糕一直爱好国学，于是她就带着孩子一起学国学，并且把学习的过程分享到朋友圈，引起了很多跟她相似的宝妈的关注。她们觉得这样教育孩子非常好，纷纷表示想加入进来跟她一起学习国学，于是国学社群就这样产生了。

国学社群还时不时会举办一些聚会，聚会当然离不开吃的，麦糕糕会自己准备食材，烹饪美食。麦糕糕做的美食都是有历史出处的，国学文化在美味中被传播，宝妈们都特别享受这种形式，觉得身心都得到了滋养，麦糕糕的社群越来越壮大，人数越来越多。

随着社群的壮大，社群中不同职业的人也越来越多，她们中有很多是创业者，麦糕糕在跟她们交流的过程中，逐渐感觉到社会上的创业热潮正在如火如荼地进行着。

麦糕糕听了很多创业故事，有些故事让她心潮澎湃，当时还不是"双创"的时代，还没有出现大众创业、万众创新的口号，但是社会上创业的氛围却很浓厚，尤其是电商的发展，非常迅猛。

麦糕糕越来越觉得自己原本的生活枯燥乏味，仿佛一眼能看到人生的尽头，她也想加入到创业大潮中。其实她内心早有创业的火种，如今机缘巧合就被点燃了。

创业做什么呢？思来想去，她发现机会就在自家藏着。

麦糕糕的娘家是做糕团加工的，祖传手艺传了好几代，她每次回娘家都要带走一些糕团分给亲朋好友，亲朋好友也特别喜欢，后来做了国学社群后，麦糕糕又把从娘家带回来的这些糕团分给社群成员，大家纷纷赞不绝口。有的成员吃了还想吃，于是就找麦糕糕订购，但是麦糕糕也没货，于是他们想通过别的渠道买，发现居然买不到。

经过这件事，麦糕糕感觉到糕团的市场需求其实很旺盛，而且市场上没有卖的，尤其是使用她家祖传的脚踏工艺制作的年糕，软糯香甜，非常筋道。

以前麦糕糕的父母只是做年糕的来料加工，年糕一般都是过年吃，属于年货，所以春节前是最忙的时候。有时候麦糕糕和姐姐都要在爸妈家帮忙很久，当然到走的时候，姐妹们也都能分得一个大大的红包。随着社会的发展，越来越多的人已经不种地了，家里面也没有糯米了，也就没法加工年糕了，于是很多人想直接购买成品。麦糕糕觉得这是一个很好的机会，既然市场上有这种需求，那就把年糕做成产品对外销售。老作坊还保留着来料加工的传统，卖给周围的老街坊。把自家的糕团制作技艺传承下去，并且发扬光大，这件事非常有意义，也能让不同地方的人都能品尝到她们家祖传的味道。

有了这些构想，麦糕糕决定辞职创业，回乡把自家的年糕事业做起来。

一听说女儿要放弃公务员回家做糕，父母首先表示反对，他们理解不了自己辛辛苦苦把女儿培养成研究生，好不容易不用像他们那样每天辛苦劳作，现在居然又要回来做这些事。尤其是父亲，反应非常强烈，父女吵架和冷战成了家常便饭。

为了实现自己的理想，麦糕糕顶住了这些压力。既然已经辞职了，没有回头路，那就咬着牙也要做下去。她先从附近的市场开始尝试，自己买了一些原料，加工成成品糕，到附近的市场上摆摊设点，开始销售。

结果，第一天做的几十条年糕，只用了几个小时就卖完了，麦糕糕高兴极了，收入虽不多但却给了她很大的鼓励。连续几天，麦糕糕把周边的集市都转了一遍，每次带过去的年糕都能销售一空，麦糕糕发现产品有市场，她的信心更足了。

但是处在这个时代，用这种传统的方法卖产品有点慢，她觉得应该用电商的方式，把产品放到网上去卖，发往全国各地，这样就能很快打开局面，于是麦糕糕的淘宝店很快就开业了。并且在年糕类目下添加了一个"脚踏工艺"的选项，连麦糕糕自己都没有意识到，她开创了一个新品类。

## 1.4.2 多次被电视媒体报道，拉动电商销量

从开淘宝店开始，麦糕糕就算正式把自家产品搬到了网上，在她之前网上还没有同类产品在卖，所以麦糕糕的产品一上线，就被老乡们发现了。一些因为工作生活在异乡的老乡们，一直在寻找家乡的味道，当他们看到了小时候吃到的年糕出现在网上时，他们立即成为第一批客户。

这些客户收到产品之后，反响很热烈，有的客户很激动，写了好几百字的评价，读起来简直就是一篇抒情美文；有的客户还给客服打电话表示感谢，顺便讲了一下她们小时候吃年糕的故事，这些产品让她们回忆起了儿时的味道。

类似于这样的客户，让麦糕糕获得了很大的成就感，她坚信回乡创业这条路是对的。虽然亲人们还是不理解，但是看着越来越多的客户喜欢自己家的产品，她觉得自己多大的委屈都能承受了。

因为产品好吃，用户评价很高，产品具有了口碑效应，所以网店的生意越来越好。麦糕糕发现老作坊的产量已经满足不了市场需求了，麦糕糕开始跟姐姐商量如何增加产量。

此外，客户也做出了一些反馈，主要集中在产品品种单一这一点。传统的年糕只有白水糕和白糖糕，因为在过去粮食短缺的年代，制作白水糕或者白糖糕是最方便快捷的。而之所以会有脚踏工艺，起初是为了防止盗贼抢粮食，尤其是在战乱年代，把收成的粮食迅速煮熟，用脚踩到很结实，使里面没有一点空气，外面滚上柴灰，然后做成砖的形状，垒成墙，这样强盗来抢劫的时候，就找不到粮食了，等强盗走了再刮去表面的灰烬就可以拿来充饥了，后来这个工艺被传了下来，成为一种特色沿用至今。

对于客户的反馈，麦糕糕很重视，她觉得应该对产品进行升级改进，需要研发一些新品种和新口味。随着生意越来越好，父亲的态度也有所转变，他逐渐开始帮助麦糕糕。父亲早年是乡厨，特别爱钻研美食，家里买的书全是美食书。当父亲知道麦糕糕要研发新品的时候，决定把之前的绝活都使出来帮她。

其实年糕可以做成多种颜色和口味，只是早期做来料加工的时候，为了节省时间和成本，不愿额外增加环节，就做了最简单的白水糕和白糖糕。但其实父亲掌握着做不同颜色和口味的年糕的技术，比如在原料中加入南瓜，就变成南瓜口味的，颜色也变成好看的金黄色；又如，在年糕制作时加入麦苗汁，这样年糕就会变成绿色，既好吃又好看。父亲把绝活使出来后，麦糕糕的产品越来越丰富了。

每一次有新品推出，糕糕粉们都会非常兴奋地抢购，想尽早品尝。产品供不应求，每天做的根本就不够卖，提升产能的计划逐渐提上日程。后来麦糕糕和姐姐商量，姐俩一致认为，随着食品监管越来越严格，小作坊式的生产模式肯定不能满足未来市场发展的需求，筹建现代化的食品工厂迫在眉睫。说干就干，经过一番努力，食品工厂也建立起来了，产能立刻得到了大幅提升。

这时麦糕糕又发现原来的小淘宝店开始跟不上销售节奏了，随着淘宝的流量逐渐向天猫倾斜，麦糕糕觉得应该顺应时代发展的要求，把自己的品牌打出去，于是麦糕糕的天猫旗舰店也应运而生了。

麦糕糕在做这些事情的同时，并没有放弃她最初的梦想，回乡创业的同时也把国学社群一起搬了回来，在无锡当地搞起了国学社群。楼下作为卖年糕的门店，楼上作为国学活动基地，定期举办国学和美食活动。她注意到现在的年轻父母不会做饭，孩子们也很难接触到学习制作食物的机会，能把制作美食和传播文化结合在一起，一举两得。

所以麦糕糕每逢节日，就会以这个节日为主题，举办相应的美食文化活动，比如到了端午节，就举办包粽子活动，孩子和父母在一起动手制作美食。等美食做好了，大家相互分享美食，边吃边听美食背后的文化，家长和孩子都非常开心。这种活动得到了很多家长的喜欢，想要参与的人越来越多。

这些事迹引发了媒体的关注，他们纷纷想采访麦糕糕，后来一接触才知道麦糕糕以前是公务员，而后辞职创业，故事非常多，可谓是一个十足的"斜杠青年"，于是就对麦糕糕做了持续报道。一石激起千层浪，之后来采访卖糕糕的报纸和电视台络绎不绝。不仅有无锡本地的，还有南京的电视台、杭州的电视台、天津的电视台等众多媒体。经过媒体报道，麦糕糕和她的脚踏年糕名气大增，很多无锡市民驱车几十千米跑到门店购买。当然更多的还是通过网上购买，所以麦糕糕的网店的生意也非常火爆。

随着客户群越来越大，当地政府把她们的制作工艺作为非遗项目上报相关部门，并且被评为了老字号，麦糕糕的事业越来越红火。

## 1.4.3 花大价钱拍精美短片发抖音，销量没增加却吸引了央视和湖南卫视

有一天麦糕糕的天猫店生意突然异常火爆，至于为什么火爆却找不到原因。第二天仍然很火爆，也找不到原因，到第三天麦糕糕亲自上阵做客服，询问客户从哪看到的产品，得知原来有的客户买了年糕之后，分享到抖音上，这个客户粉丝比较多，视频拍得也很好，播放量比较大，很多人看到之后问在哪买的，这个客户就把店铺名字发了出来，于是很多人通过搜店铺名字找到了麦糕糕的天猫店。

这让麦糕糕感觉到了抖音力量的强大。之前她也认识本地的几个企业家，其中有一个企业家是卖河豚的，在抖音上卖，视频拍得并不好，但是销量却很好。那时候麦糕糕就想开通抖音，但一直没有行动。这次被抖音客户把销量带起来了，麦糕糕突然有了紧迫感，于是也开通了抖音。但是她有自己的想法，麦糕糕很喜欢看李子柒的视频，李子柒的视频非常唯美。同是做美食的，麦糕糕觉得她应该也走李子柒的路线，所以花了三万元，请人帮她拍了一系列的短片，发到抖音上。

结果却令人有点失望，播放量并不大。她本以为把内容做好，发上去就能火，结果发现不是这样。接下来该怎么办呢？如果想一

直做下去，这种外包的方式显然成本太高。但如果不用这种方式，那就得养一个团队，而且也没有那么多内容可拍。

后来，麦糕糕干脆有什么内容就发什么内容。

有一天工厂搞了一个吃年糕比赛，有个工人大叔吃年糕的场景被抓拍了下来，发到了抖音上。由于吃相很独特，这条视频一下子就火了，播放量达到了七八十万。评论区咨询年糕产品的人非常多，几千条评论根本回复不过来。当天麦糕糕天猫店的销量猛增。

麦糕糕很疑惑，为什么花大价钱拍摄的、制作精美的内容没有火，这样一条短视频却火了呢？但有一点可以肯定，抖音的流量很大。而要把流量变现，需要把流量往天猫店引，客户还要切换平台才能购买，这个环节肯定拦截了很多的流量。有很多人会因为觉得麻烦而放弃购买，所以麦糕糕觉得应该开通抖音小店。

抖音小店开起来很容易，但麦糕糕却不会玩，一直没什么订单，后面拍的短视频也是不温不火的。麦糕糕逐渐对抖音失去了兴趣，又把重心转移到了天猫店上，抖音上有订单就发，没订单就顺其自然。

几个月后，突然有一天央视《远方的家》栏目组联系到麦糕糕，说要做一个采访。栏目组觉得麦糕糕的创业故事非常好，跟他们正在制作的大运河文化系列节目密切相关。麦糕糕爽快地答应了采访要求。

节目很快就制作完成，并排上档期。传统媒体的威力还是很大的，电视节目一经播出，麦糕糕天猫店的订单就呈爆发式增长，花了一星期才把货发完。工厂也是加班加点地生产，还雇了不少临时工，才按时把货生产出来并打包发走。

后来麦糕糕问央视记者是怎么找到她的。记者告诉她，某天刷抖音，看到她之前拍的短视频，感觉很精美，故事也很好。麦糕糕一下想起来，就是之前花了三万元请人拍的短片起作用了。当时大家都认为花这么多钱拍短片是错误的，而且也没火起来，本来都不抱希望了，没想到过了许久反倒柳暗花明了。

好事儿还没完。两个月之后，麦糕糕又接到湖南卫视的邀请，邀请她参加湖南卫视的一档节目，并且要求带上踩糕的工具，到节目组现场录制制作年糕的过程。

尝过了前面央视节目带来的业绩暴涨的甜头，麦糕糕推掉了年底多项事务，带着团队去参加了湖南卫视的节目录制。事后麦糕糕跟栏目组打听是怎么知道自己的，得到的答案也是在抖音上看到了麦糕糕的短片。

湖南卫视节目组选择嘉宾很严格，他们先是确定主题，然后在全国范围内寻找候选者，麦糕糕从抖音上被发现之后，成了候选者之一。栏目组先是从网上悄悄地买了产品，尝试之后发现确实很好吃。接着又对制作工艺进行了比较，认为麦糕糕家的制作工艺，即踩糕的过程很有趣味性，而且还有故事性。最后对比了一下传承人，认为麦糕糕的创业故事具有励志性，然后才选择了麦糕糕。

有了这两次上电视的经历，麦糕糕又一次对抖音刮目相看。虽然她在抖音小店的生意还一直不温不火，但她还是决定把抖音重新捡起来。

## 1.4.4　过去成功的电商人，大多数还没"all in"抖音

现在很多做电商的人都在尝试做抖音，但也只是尝试，浅尝辄止。下面再讲一个王小帮的例子。

王小帮在电商界很出名，出名的原因有两个。其一，王小帮多次作为农民网商的代表上电视。王小帮最早写了一篇帖子发在淘宝论坛，火了。火的原因倒不是内容写得有多好，而是因为帖子里附带的几张照片。这些照片中的王小帮憨态可掬，有些PS高手就拿这些照片恶搞。各路PS高手把王小帮的头像安插在了各种身体上，制作出了多个表情包，被广为流传。于是谈论王小帮的网民越来越多，反倒让王小帮火了。随着王小帮知名度的提升，各路媒体争相对他进行采访，于是王小帮经常出现在电视上。不仅上过各地方台，连央视也都上过；不仅上过国内的电视台，连国外的电视台也对他进行过采访。

王小帮在各大媒体上频繁露面的同时，深刻感受到了传统媒体的威力，因为每上一次电视，都能给他的网店带来巨大的销量。那时候电视节目的威力还很强大，有一次王小帮上了央视，节目播出之后，网店产生的订单量，发货发了一个月才发完。

出名的第二个原因，是他成为阿里在美国上市的八个敲钟人之一。

这其实是一个很高的荣誉，阿里选他作为代表去美国敲钟上市，表明阿里官方对他的认可，这在电商界引起了轰动，很多人都投去了羡慕的眼光。

王小帮本人也很擅长营销自己，他无论走到哪里，不管是在田间地头，还是去农民家里收农产品，都会请人帮他拍摄，拍摄的照片风格都很淳朴，形象很好。因为他知道媒体的威力，所以也一直不停地做内容宣传自己。

笔者认为王小帮既然知道媒体的威力，抖音现在这么火，他应该不会放过这么好的机遇。而当笔者在抖音上搜索"王小帮"的时候，确实也找到了他的账号，不过粉丝不是特别多，只发了几十个作品。

这些作品的观看量也不是很大，最早的作品是2018年发布的。说明实际上他抖音玩得很早，只是没有花很多的精力去做，所以作品也不多。可想而知，他在抖音上并没有尝到什么甜头。

目前很多传统电商做得好的朋友，对抖音却浅尝辄止。你要说他没做，实际上他也做了，你在抖音上都可以看到他们的影子。但你要问他做得好不好，答案是大多数做得都不怎么好。是他们没有内容吗？不是。是他们没有故事吗？也不是。而是不够重视抖音，起码说没有"all in"抖音。

如果细究一下原因，则是他们传统的电商生意做得还可以，所以对做抖音没有那么强的急迫感。当年他们刚创业的时候的那股劲头已经过去了。现在绝大多数传统电商人都还在沉睡，只有少数的已经觉醒。

## 1.5 从珍珠哥到珍珠奶奶的故事

### 1.5.1 珍珠奶奶抖音直播卖了6000多万元

电商圈流传着一个很励志的成功故事,有个叫珍珠奶奶的人火了。

在电商圈每次听说有人火了,大家都会问"销售额做到了多少?",毕竟这是一个靠业绩说话的时代。听说珍珠奶奶在抖音上一个月卖了6000多万元的货,的确让人刮目相看。像这样的例子每年在电商圈都会出现几个,销售额做得很大,被当作成功案例在电商圈流传。每当有新的成功案例出现,笔者都会第一时间去研究,这个案例也不例外。所以笔者第一时间去抖音上搜索珍珠奶奶,一看究竟。

笔者需要先核实一下珍珠奶奶的6000多万元销售额是真是假,然后研究她是怎么做到的。

据了解，她在最近 30 天就直播了 104 场，平均每天三场，每场直播时间都超过 4 个小时。也就是说，她几乎全天都在直播。她利用 100 多场直播卖了 6000 多万元，平均每场直播卖了 60 万元左右，如果每场直播都在 4 个小时以上，那么折合每个小时能卖 10 万元。每小时卖 10 万元，这在头部主播里不算什么，但是珍珠奶奶这是不是真的能卖这么多呢？还要继续求证。

笔者看了一下她的产品客单价，基本都在千元以上，也就是说，她一小时如果能卖 100 单左右，就能达到 10 万元的业绩。一个小时卖 100 单并不算多，所以这样算下来 6000 多万元的业绩是有可能实现的。

笔者对珍珠奶奶的故事这么感兴趣是有原因的。笔者心里在想，为什么又是卖珍珠？为什么又是珍珠火了？

很多人觉得如果没有抖音，一个月卖 6000 多万元的珍珠根本就不可能，对此笔者非常认同。正是抖音让一个月卖 6000 多万元的珍珠成为可能。事实上，珍珠奶奶的产品能卖这么火，跟珍珠本身也有一定的关系。

大家还记得淘宝直播中曾火过的珍珠哥吗？如果你早年做过淘宝直播，那么你应该听过这个名字。如果你了解珍珠哥的故事，那么你在听到珍珠奶奶的案例的时候，就会像笔者一样格外关注和感兴趣了。

我们今天都在讲的这些头部主播，像薇娅、李佳琦等，实际上并不是最早火起来的那一批人，真正最早火起来的是珍珠哥。珍珠哥一晚上直播卖了上百万元的货，把淘宝直播一下子带火了。当时，这件事在整个电商界引起了轰动，从此才有很多的电商商家开始关注淘宝直播，甚至开始配置淘宝直播。

在此之前电商卖家都是用传统的方式，即靠产品的详情页展示其销售的产品，没人做直播，也没人会做直播。直到有一天，珍珠哥的故事一夜之间传遍整个电商圈，电商卖家们都争着抢着开始直播卖货了。

那为什么都是卖珍珠呢？是因为直播卖珍珠很好玩，有一点赌的味道。观众不只是观看，还可以参与。卖家拿出一个珠蚌放在镜头前，为这个珠蚌标上数字编号，然后问：谁要？主播会全方位展示这个珠蚌的形状，开蚌的人会根据经验估计这个珠蚌里边有没有珍珠，珍珠是大是小，有几个，但只是凭经验做出推荐，并不为最终的结果负责。

如果你相中了这个珠蚌，就可以付钱拍下。然后主播就会现场帮你开蚌取珍珠，并把珍珠寄给你。如果你运气还不错，可能会取出一颗大珍珠。运气更好的话，还可能会取出两颗大珍珠，附带几颗小珍珠。一般遇到这种情况，直播现场围观的人会沸腾起来，就好像他们自己赌赢了一样。

直播开蚌取珍珠的热度非常高，因为在珠蚌没有被打开之前，谁也不知道里边有没有珍珠，以及珍珠是大是小。有时候运气不好，只开出一颗小珍珠，而且还"歪瓜裂枣"的，那也要愿赌服输。所以这种现场开蚌卖珍珠的方式，集互动性与趣味性于一体。

实际上，即便是在线下，开蚌取珠也能够引来很多人围观。老百姓大多喜欢凑热闹，哪里热闹，哪里就有很多人参与、起哄。网上直播的形式会吸引更多围观的人。在线下有几百上千人围观已经了不得了，但是在网上直播，有上百万人同时在线观看都是有可能的。评论区的评论就像闪烁的流星一样，都来不及看清，就已经被刷下去了。

当时淘宝直播平台正在培育新的消费业态，像开蚌取珍珠这么有趣好玩又能带动销售的内容，也是平台需要的，所以平台就为这样的直播间导入了很多的流量。围观的人多了，参与的人自然也多，尤其是当看到前面的人运气很好，通过开蚌取出几颗大珍珠时，后面的观众就会蠢蠢欲动，开始抢购。这就是为什么珍珠哥一场直播就能卖上百万元的原因，因为人气太旺，用户参与度太高，下的订单太多了。高不可攀的销售额让他一夜成名，整个电商界几乎都知道了珍珠哥。

后来淘宝直播官方拿着这个例子不断地到处宣讲，于是珍珠哥更出名了。现在珍珠奶奶火了，用的也是同样的玩法，只是换了一个平台，在抖音上重新玩了一次。同时珍珠奶奶还推出了一些新的玩法，所以她的销售额做得更高。

## 1.5.2　她为什么能火起来

榜样的力量是无穷的。珍珠哥火了，一场直播卖了一百多万元，这个消息在电商圈不胫而走，再加上平台在背后推波助澜，引得人人都想到淘宝直播里去淘一桶金。所以，珍珠哥的案例最终带动了两件事。

第一，把淘宝直播带动起来了，很多商家纷纷试水淘宝直播，淘宝直播的新业态形成了。

当然有的主播成长得比较快，长成了大主播，甚至成为全网的头部主播。他们可能就是看着珍珠哥的案例成长起来的。

第二，珍珠哥所在的浙江诸暨的整个珠宝行业，也掀起了一场大的变革。

笔者 2017 年去诸暨游学的时候，就是想去现场体验一下把淘宝直播带火的开蚌取珍珠的活动。笔者的游学团队总共二十多人，主办方搬了几个大箱子，里面有刚从河里捞上来的珠蚌，把这些珠蚌标上编号，让大家来选，选中之后付钱，然后现场开蚌取珍珠。运气好的就可能得到一颗或一颗以上的大珍珠，运气不好的可能只能得到一颗小珍珠。

大家拿着选好的珠蚌，排队让技工师傅帮忙开蚌取珍珠，每个人的心情都是既兴奋又忐忑。因为没有人知道自己手里这个珠蚌里会不会有一颗大珍珠。

大家在现场开蚌取珍珠的活动被主办方直播了出去，围观的人非常多，参与度也很高。事后笔者了解到，主办方除了卖给我们的这一批珍珠，额外又在直播间卖出去了很多，是我们现场购买量的好多倍。当时直播间的人气非常旺，大家都很好奇这么多人排队在干什么，也想知道每个人手里的珠蚌取出的珍珠是大是小。

活动就是内容，而且这种内容能勾起大家的兴趣点，吸引很多人观看。把流量吸引来之后，自然就会产生商业价值，带来很大销售额。

这次体验给笔者留下了非常深刻的印象，笔者感觉直播将会成为电商的标配，所以后来笔者又专门写了一本书《淘宝直播与电商新玩法》。现在已经过去几年了，这几年的发展验证了笔者当初的判断。事实上，如今直播不仅仅是电商的标配，而且已经逐渐成为主导，像在抖音上发展起来的电商就是以直播为主导的，不再从属于搜索电商。

当时一起游学的这些电商人，因为亲身体验了戏里戏外这种直播的感受，纷纷表示要抓住直播的机会，而且回去之后马上就行动了。当年大家的天猫店就因为直播做得比较早，尝到了很大的甜头。

实际上当时诸暨的整个珠宝行业都开始搞直播了，这都是珍珠哥带动起来的。像笔者这样组织电商人去诸暨参观、游学的非常多，大家都从中嗅到了商机。

我们再来看一下珍珠奶奶是怎么火的。

像笔者这一批老电商人都知道珍珠哥，但是在抖音上做电商的人大多没有听说过珍珠哥，不知道有这回事。

可见中国人之多，笔者以为电商圈里的人都知道了，其实这只是一个很小的群体，还有大量的人不知道。

有人曾经说过，一个事在中国即便有一亿人知道了，但是仍然有 13 亿人不知道。你把这件一亿人已经知道的事，告诉另外的 13 亿人，他们还是第一次听说，还会觉得很新鲜，甚至当成新闻来看待。

笔者看到很多人都是把珍珠奶奶当成新闻去讨论的。他们觉得很新鲜，偶尔也参与一下珍珠奶奶的现场开蚌取珍珠的活动，觉得很好玩，跟我们几年前的心情一样。

其实珍珠奶奶之所以能做出这么大的业绩，还有一个原因就是这种内容形式非常适合兴趣电商。这种本身就自带趣味性、天然适合兴趣电商的内容，放到抖音平台上很容易火。珍珠奶奶一个月卖了 6000 多万元，是珍珠哥销售额的 60 多倍，表明卖珍珠更适合兴趣电商。

这个案例给我们的另外一个启发就是，在别的平台上已经火过的项目，重新放到抖音平台上"冷饭热炒"，也有可能再火一把。

笔者在研究珍珠奶奶账号的时候，发现她的做法比珍珠哥的精进了很多。首先在人设方面，珍珠奶奶给自己打造了很好的人设。有两种形式，一种是戴着珍珠项链、穿着华丽、有自己实体店的女企业家形象；另一种是亲自开蚌取珍珠的农村大妈形象。这两种形象形成很大的反差，让众人对她的印象很深刻。

珍珠奶奶还拍了很多短视频，成功维持了自己的人设，粉丝对她既喜欢又信任。

另外，在产品方面珍珠奶奶也做了创新，之前卖的产品只是一颗圆圆的珍珠，现在珍珠奶奶在各种形状的珍珠上面又增加了一些饰品，并取名"小怪兽"，让这些珍珠又有了新的卖点。

掌握了兴趣电商的玩法精髓后，珍珠奶奶未来所能创造的业绩远不止月销 6000 万元，她还会不断创造新的销售额高峰。

# 第二部分

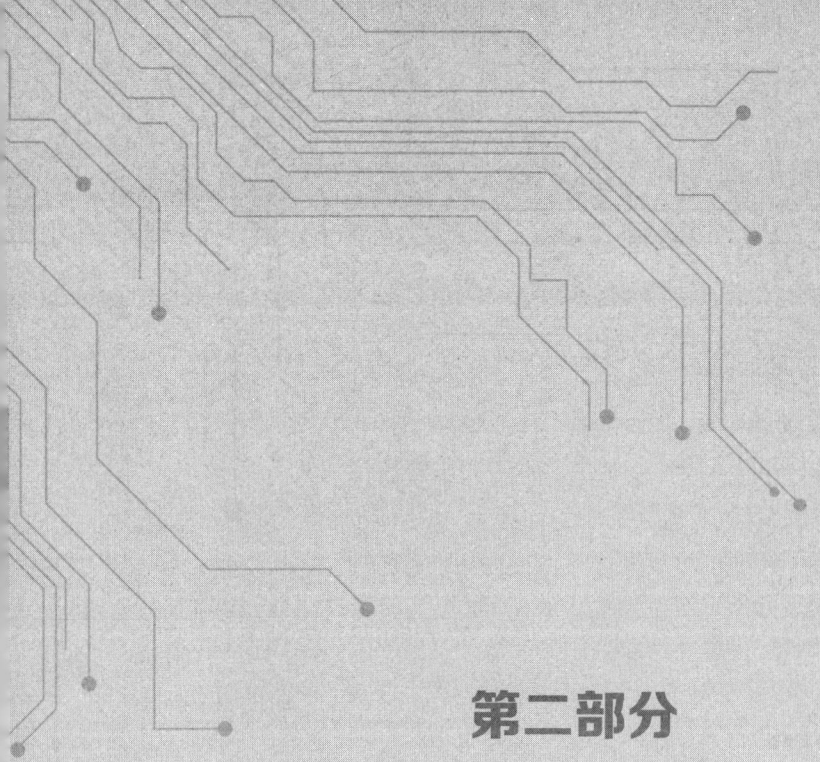

## 尝试兴趣电商

## 2.1 会姐大码女装：当副业遇到兴趣，学费有点贵

### 2.1.1 货源和供应链是电商人绕不开的短板

前几年会姐迷上了在快手和抖音直播间里购物，尤其喜欢买衣服。她关注了几个主播，这些主播一有新款式的衣服上架，她就第一时间去看，只要看了往往就忍不住购买，一年仅花在直播间里买衣服的钱大概就有好几万元。

后来会姐的主业收入有点下滑，也没有以前忙了，于是她就想经营副业。做什么好呢？想来想去，干脆卖大码女装吧。

会姐的预期是，如果能累积一万个左右像她一样的客户，那么一年的利润还是很可观的。她知道服装行业的利润率较高，她自己就是一个重度消费者，她知道主播赚了她多少钱，她也知道大码女装虽然是个小众市场，但实际市场空间却不小。

所以会姐的目标就是找到跟她一样的消费者，把她们变成粉丝和客户，计划通过几年的时间，累积一万个客户，然后这项副业就可以变成主业了。

说干就干，第一步先找货源。于是会姐南下广州，去了几个服装批发市场，如白马服装城、十三行等。到了市场她才发现找货源并不容易，因为南方所谓的大码跟北方所谓的大码根本不是一个概念。南方人眼中的大码也是小个子穿的，只是码数稍微大一点，但这种衣服北方的大码客户根本穿不上。北方的大码女装客户通常身高在一米七以上，体重在180斤左右，适合她们的衣服在南方并不好找，因为南方很少有这么高和这么胖的人，所以会姐找了很久才找到一些货源，然后进了一批货。

货有了，还需要租个办公室拍摄和直播，会姐又把办公室装修了一下，配置了拍摄和直播的设备，然后就开始拍产品图片了。真正做起来以后，她发现还是有点难度的。虽然会姐之前有过一些电商的经验，但那是很多年前的事儿了，而且之前做的类目跟现在的相比跨度有点大。会姐发现好多事情自己既不擅长也干不了，于是考虑招个帮手。

这时会姐刚好遇到一个之前做过女装、也做过直播的创业者，那个人觉得创业太累，于是出来找工作，双方志同道合、一拍即合。她给会姐做助手，负责拍摄、剪辑、上传和编辑产品信息及发货。

很快会姐的抖音小店就开通了，但却没有流量，无人问津。助手告诉会姐要拍短视频，靠短视频带货，于是两个人商量好拍摄风格，制订好拍摄计划，每天拍一到两款衣服，由会姐亲自当模特，助理负责拍摄和剪辑，然后再把短视频发到抖音账号里。

然而，短视频剪出来，发出去之后，播放量一直上不去，推荐量也都在 500 以内。

会姐很着急，这时有人给她支招，说这种短视频需要累积数量，只有累积到一定程度，你的视频才会被贴上标签，被推送给精准的人群，但是每一条视频都要保持同样的风格。于是会姐和助理又开始不停地拍摄、剪辑、上传。

很快，从广州进回来的衣服款式拍摄完了，但视频依旧没有流量，手里的货还没有卖出去。如果再进新的货，库存将会越压越多。于是会姐决定改变一下模式，她选择从网上选款进货，拿到新款产品后拍图片和短视频，拍完再退回去，如果有人下单，再让厂家一件代发，这样就可以不用积压货物了。然而在执行时又遇到了新的麻烦，一来好看的款式不容易找到批发商或厂家，很多热门爆款都是商家自己定做的；二来从网上找到的一件代发的货源很不稳定，有时候会拖很久不发货，影响客户体验。会姐也很无奈，只能先将就一下，等将来生意做大了也跟他们一样，直接找工厂定制款式。

## 2.1.2　粉丝少，推荐量低，怎么办

会姐的短视频还在不停地拍，风格也都一致，而且还增加了一些娱乐元素，看起来也挺唯美的，但就是播放量很低。之前会姐听人说，等短视频数量多了，也许一下就能引爆，可是眼瞅着短视频数量都达到 100 个了，流量还是没有增加，会姐开始有点着急了。

所以她在刷抖音的时候，一看到有人分享诸如如何增加粉丝、如何让短视频有更多播放量这样的内容，就会特别关注。某天会姐

学到一招，说是花钱买 DOU+ 去推一下短视频，播放量就起来了。会姐听话照做了，往 DOU+ 里充了一千元，选了一个自认为不错的短视频重点去推，信心满满地觉得这个短视频可能会火；又根据指点，在投 DOU+ 的时候专门锁定了做大码女装的同行的账号，目的是希望把这个短视频推送给那些同行的粉丝。

她这么做，一方面为了给自己的短视频贴上标签，这样以后再发布内容，就更容易获得更多的推荐量；另一方面是希望匹配到精准的粉丝，把产品卖出去。毕竟从开始干副业到现在，已经过去半年了，会姐投资了将近十万元，货也压了一堆，却还没有见到一分钱的回报。再加上付给员工的工资和房租，每个月都要花不少钱，所以经济压力也越来越大。

这一千元砸下去之后，这条视频算是小火了一下，推荐量达到了一两万，点赞量也有一两千，而且获得了几十条的评论。

会姐刚看到这些数据十分开心，但是很快就开心不起来了。因为评论里对于模特，也就是会姐本人的语言攻击很多。她本以为会有很多人夸奖，结果却引来人身攻击。更让会姐没想到的是，短视频竟然被推荐给了很多男性，这些人在评论区说三道四、风言风语，让会姐心情很不好。看来当个模特也不容易，心理素质很重要。同时，大码女装在这些人眼里是肥胖的象征，这也反映出这次投放实际匹配的用户并不精准。

从实际转化的效果来看，也证明了这次投放不精准，一千元花完以后，一单都没有卖出去。当会姐还在纠结的时候，广告费却已经花完了，推广也停止了，推荐量也下滑了。那么账号有没有贴上标签呢？这个需要测试一下才知道，助手赶紧发了新款衣服的短视频，等了很久，推荐量也没有超过 500，这说明之前投 DOU+的广告费都浪费了，没有达到预期的效果。

不久后会姐又听到有人分享抖音玩法，说应该开通巨量千川付费推广，直接推直播间，这种广告效果比较好，很容易涨粉。这一下又戳中了会姐的痛点，她的粉丝太少了，而且涨粉速度太慢了。开通巨量千川需要充值一万元，会姐毫不犹豫地充值了一万元，把巨量千川给开通了，然后就开始投广告。投了两千多元，结果只涨了几个粉丝，产品也没卖出去，会姐又一次失望了。

有个人经常分享抖音的玩法，会姐经常看他发的内容，看得久了，对他比较信任，后来这个人出了课程，会姐就花一千元报了名。会姐在听他的课程的时候，以为能解决自己的问题，但在上了几节课之后，她发现并不是自己想要的，课程内容不仅都是他免费分享过的，而且都是以他自己在做的产品为例讲解的，如果想实操还要分销他的产品，而会姐是不可能放弃大码女装的，她只是想学方法，所以这个钱又白花了。

## 2.1.3 到处学习，到处交学费

会姐对做抖音方面的知识视频很感兴趣，刷得多了，平台每天给她推送的都是这方面的短视频和直播间，她照单全收，凡是觉得有用的就记下来。于是会姐又学到一个新技巧：要想做好抖音直播，就要学会憋单。

要想直播带货出单多，就要用一些便宜的低价产品引流，因为便宜的产品转化率高。而会姐卖的是定位中高端、客单价都在一二百元的产品，新粉丝进到直播间一看都是很贵的产品，立刻就退出了。而憋单就是用一些低价、超值的产品，把粉丝留在直播间，主播可以让粉丝按要求回复评论，提高直播间的人气，让直播间热闹起来，从而吸引更多后来者。听了这些讲解，会姐决定也要去搞一些低价的产品，目的不是赚钱，而是引流和提升直播间热度。

真正执行起来，会姐考虑的是，如果想让自己的产品有连带销售的效果，选择的引流产品要尽量跟大码女装有一定的相关性，最好吸引的是相同的人群。会姐和助手经过商量，认为可以做女士的大码内衣、大号女鞋、丝袜、T恤等产品，这些产品容易做到低价，如9.9元包邮。

经过一番挑选，在这些产品中真正能做到9.9元包邮的，只有丝袜。会姐从厂家定购了一批丝袜，然后又拍了一些短视频，投了一些DOU+，直接往直播间引流，在直播间里卖丝袜。实际结果并不好，广告费花了一两千元，丝袜却只卖了十几单，人气也没上来，会姐认定卖低价憋单的方法也不行。

为什么网上老师教的这些方法，别人都行，自己却不行呢？难道老师有所保留？现实中有没有高手呢？经朋友介绍，会姐认识了一个高手，会姐请高手吃饭，希望高手能分享一下他的经验，以及指点一下大码女装应该怎么做。

这个高手几年前做过抖音的本地化推广，主要推广餐饮，也卖过一些实物产品，据说只靠一个短视频，一天的收入就达到一百多万元。

高手没有做过女装，给不了具体的建议，他只是把他当时卖单品的做法毫无保留地分享给了会姐。他的做法就是先养号，养成之后配合付费推广，投入产出比很高。养号是从账号刚开通时开始的，即要给这个新账号贴标签。

第一步，直接搜索你想看的内容，比如搜关键词，把你同行的短视频和直播间都搜出来。第二步，参与其中，比如搜出来的短视频，看完之后要点赞、评论、转发，告诉平台，你对这样的内容是喜欢的、关注的。如果他们正在直播，那就进入直播间，积极地参与讨论，或者拍下产品，停留的时间越长越好。

会姐赶紧照做，专门找了一部手机用于养新号，每天就是刷同行的短视频，点赞并且评论。看到有同行在直播，就直接进入直播间，偶尔评论几句，让这个账号一直保持"观看"状态。大概一周之后这个账号就算养成了，然后就可以发布自己的短视频内容了。

会姐怀着忐忑的心情，选了一个自己精心拍摄和剪辑的短视频，挑选了一个热门的时间段发布，希望能有大的推荐量。很快这个视频的推荐量就超过了1000，会姐很高兴，总算从500推荐量的流量池里跳出去了。不过推荐量虽然上去了，但点赞量仍然很低，评论更是只有一两条，会姐赶紧为这条视频投了DOU+，想为火苗吹点风，但可惜还是没能烧起来。会姐认为可能是自己选的短视频有问题，粉丝可能不喜欢，于是赶紧发了第二个短视频。

第二个短视频的推荐量到了800之后就不再增加了，其他几项数据同样很差，紧接着会姐又发了第三个、第四个、第五个……一股脑把"存货"都发完了，但没有一个上热门的，最后推荐量又回到了500以内。

养了这么多天的新账号，最后还是没火起来，为什么会这样呢？难道是高手讲的方法不对吗？还是高手讲的方法过时了呢？这毕竟是他在2019年用的方法，难道现在不管用了吗？会姐想到当时请高手吃饭花了1000多元，心口感到一阵疼痛，这不只是钱的问题，而是满怀期待却又落空了。接下来该怎么办呢？大码女装还要继续做下去吗？

会姐辗转反侧，彻夜难眠，她还是不死心。

一方面投入了那么多时间、精力和金钱，没做起来会让她很没有面子，毕竟身边的人都知道她在经营副业，时不时就有人打听做得怎么样。

另一方面是会姐真的很想做大码女装，每次在试穿不同的新款衣服时，是她最开心的时候。但就是一直找不到好的销售路子，别人给的建议就是多学习，她没少学习，也没少交学费，但为什么总是不行呢？

会姐迷茫了，她觉得从哪里摔倒，还要从哪里爬起来，她决定继续学习，直到找到解决方法。

后来会姐结识了万元商班的老师。万元商班的老师对她的账号和短视频做了"诊断"后指出："你拍的短视频风格很一致，衣服款式也很好看，也很符合你的目标群体，但就是没有被推送给精准的人群。这种短视频如果在私域流量中传播，比如发到朋友圈，如果微信好友都是买过你产品的客户的话，观看率一定很高，而且会有不错的转化率。

"因为她们对你这个人有一定的认知，知道你是做什么的，买过你其他款式的衣服，她们如果喜欢你卖的产品款式，会一直关注着你，期待你上新款。但现在的问题是，抖音平台并没有把有精准需求的客户和你的产品对接。说白了，还是推荐得不精准。"

接着老师又指出："你需要先熟悉抖音平台，再熟悉抖音电商是怎么回事。先把自己的情怀放一放，从做流量开始。"会姐比较认可这种分析，那应该怎么做流量呢？

老师建议，应该从用户最喜欢看的内容开始，也就是从用户的兴趣点着手，多琢磨什么样的内容是别人想看的。会姐目前拍的这些大码女装的视频，并不是大众最想看的，只是极少数人有需要，但是要把这些极少数人聚集在一起并不容易，会姐以往付出了那么大代价进行尝试，一直没有匹配成功，所以现在需要另辟蹊径。

## 2.1.4　从卖货的短视频到用户感兴趣的短视频

经过老师的这番指点，会姐有种拨云见日的感觉。会姐和助手商量了一番后，决定听从老师的建议，从用户感兴趣的内容着手。那用户喜欢看什么呢？她们也不知道，刚好她们两个人都在追一部热门剧，两个人一合计，决定就从热门影视剧的剧情解说开始。

说干就干，会姐又建了一个新号，助手负责从网上找影视素材，下载下来，配上会姐和助理"聊天式"的剧情解说，剪辑好，然后把制作好的短视频同时发到抖音和快手的新账号。影视剧那边一更新，她们这边以最快的速度剪辑好并发出去。

快手上的反响很快，第一天就涨了 100 多个粉丝，播放量达到了四万多，而且每刷新一次数据都在增加。而抖音的热度上升略慢，到了第四天，抖音上发布的短视频热度也开始上升，当天更新的一个短视频很快就上了热门，播放量达到了 50 万，粉丝量一个中午就涨了 5000 多。

会姐哪里体会过这种感觉！她拿着手机不停地刷新着短视频，每隔几分钟就要刷新一次，而平台也没让她失望，每次刷新，播放量都在增加，粉丝量也在增加，会姐觉得红色字体的新增粉丝数量看起来真好看，毕竟这都是免费得来的粉丝。想想之前自己花了几千元也就增加了十几个粉丝，会姐的心情就像赚了很多钱一样开心，追求流量的愿望总算实现了，希望就近在眼前。

那如何把这么大的短视频播放量用起来呢？会姐和助手商量着直接把流量引到直播间，在直播间里对流量进行变现。这么大的播放量，即便转化率很低，也能出点货。但会姐又考虑到这种解说类短视频带来的流量，卖大码女装不太合适，所以最终决定先把粉丝量给做起来，在这个过程中再摸索大家感兴趣的内容，然后再开始带货。回想一路走来，一开始就是从带货出发的，结果花了不少冤枉钱，货也没卖出去。现在从兴趣短视频出发，总算见到流量了，变现也许就没那么难了。

那就先让流量"飞"一会儿吧，也许到时候自然就有灵感，就知道该卖什么了。

## 2.2 网红帅哥小潘的故事：人设太"高大上"，变现也难

小潘是一个90后帅哥，跟某明星长得很像，有些朋友直接用某明星的名字叫他，小潘也很享受这种称呼，仿佛他自己就是明星本人。

笔者认识小潘的时候，他在一家电商培训公司里做招生讲师，跟电商圈是有关系的，我们也因此产生了一些交集，他经常找笔者交流，分享一些想法。

在短视频火起来之后，小潘预感到时机来临了。经过一番内心挣扎，小潘辞掉了工作，加盟了他朋友的网红团队。

这个团队的主要成员都是女孩子，而且都是已经小有名气的网红，个个粉丝都不少。她们白天不停地拍视频段子，晚上直播带货，因为粉丝量比较大，每天卖的货也比较多，所以赚钱很轻松，赚得多也花得狠。这种赚钱的速度和生活方式吸引了小潘。

这个团队之所以愿意接纳小潘，一是因为有点远亲的关系，二是觉得小潘的个人形象很不错，有成为网红的潜力，值得包装和打造一下，而且她们也需要一个帅哥一起拍视频段子，增强团队的实力。

她们为小潘打造了人设，并给他重新起了一个名字，叫东少，"少"就是富家少爷的意思。小潘的人设是一个富二代，家里很有钱，实力雄厚。围绕着这个定位，小潘开始策划短剧，他自己既是编剧又是主演，团队的其他人给他打配合，还找了一些名车、豪宅做道具。就这样，短剧就开拍了。

一集短剧的时间一般在两三分钟，每一集讲一个故事。例如，某集短剧讲的是东少跟女友回女方家，东少因为穿着普通，被女友的两个姐姐和姐夫瞧不起，姐姐、姐夫不停地在炫富，准丈母娘也有点看不上东少。后来东少打了一通电话，叫来了很多人，开了很多豪车，他们对东少前呼后拥，姐姐、姐夫和准丈母娘被惊呆了，开始对东少唯唯诺诺起来。

每一集短剧都有一两个冲突点，再加上特效和配音，让人有追着往下看的欲望，短剧往往在冲突最激烈的时候结束，用户欲知后续剧情如何，就要继续关注下集。

这种短剧在吸引用户的注意力方面效果非常好，当把这样的短剧发到抖音上之后，很快就能吸引很多人围观、点赞和评论，播放量"蹭蹭"上涨。跌宕起伏的剧情，帅气的样貌，再加上小潘这种富二代的人设，团队快速吸引了大量的粉丝，短短一两个月粉丝量就达到了80多万，而且大多数都是女孩子。

有了这么多的粉丝，小潘也算是个小网红了，第一步算是成功了。根据之前的计划，下一步就要进入变现环节。实际上，小潘之前与团队的合作方式是资源互补互用，但花费和变现的环节就需要自己完成了。小潘学着团队的其他网红，也准备通过直播变现。因为此前小潘的每条短视频都收获了大量的留言和评论，很多女粉丝留言希望看到东少开直播。

感觉时机成熟之后，小潘就在抖音上开了直播，跟粉丝聊天互动，偶尔表演才艺。有很多女粉丝给他"打赏"，有的女孩子甚至一场直播会给他送几千元的礼物。当然，她们之所以刷那么多礼物，是因为很喜欢东少，被他的帅气所吸引，希望能跟他有深度的交往。

但小潘很清楚自己的人设只不过是一种盈利方式，不能入戏太深。

刚开播的头两个月人气非常旺，小潘每个月收到的礼物和打赏加起来能有十几万元，这比以前做招生讲师赚得多多了，而且被粉丝追捧的感觉非常好，小潘很享受这种状态。

但好景不长，两三个月后，直播间的观众越来越少，小潘收到的礼物和打赏也越来越少。之前追捧他的很多女孩子，因为一直得不到回应，就把他拉黑了，这让小潘有点慌。

他一边继续拍着短剧，一边调整自己的策略，看来直播打赏的变现方式不能持久，他表示"那我也带货"。可是当他真正开始卖货的时候，却发现没有人买，评论区里出现的多数都是负面的评论。

有的粉丝在直播间说："你都那么有钱了，为什么还要卖货？不是自跌身价吗？"还有的粉丝说："你都是富二代了，还想着割我们穷人的'韭菜'吗？不买不买，你在我心中的形象彻底毁了。"这些话一出现，响应者云集，直播也进行不下去了。怪就怪小潘之前的人设太"高大上"了，粉丝接受不了这么大的反差。很无奈，带货这条路也走不通了。

实际上拍短剧还是挺费钱的，虽然演员不要钱，但是租场地、租车、租道具都需要花钱，而当直播变现的路走不通后，短剧也拍不起了。团队原计划包装出一个"高大上"的人设，先投资一笔钱拍短剧，快速吸引大量粉丝，然后直播变现，这也是团队其他网红之前成功的路径，但没想到这次本钱还没收回来，就进行不下去了，简直不可思议。

看来这种全靠包装、先投入后回报的方式，成功率不是太高，于是小潘就离开了团队。

学费不能白交，小潘也做了复盘和总结。他认为，下次再做的时候，一定要找到自己真正的兴趣点，不再包装人设，像这次的人设这么"高大上"，确实吸引了粉丝，但在变现的时候人设就崩塌了。

再者，维持这种人设太费钱了。最后小潘总结道："一定要先想好变现方式，然后再结合自己的兴趣爱好倒推人设，不能玩虚的。"

## 2.3 大鼓书老艺人的故事：20多年前就有兴趣商业了

### 2.3.1 早期卖娱乐内容的盈利模式

我小时候认识一个人，是说大鼓书的，他相貌不太好，耳朵有点聋，外号是聋头。一般他这样的人，说话都不会很利索，而他说起话来却很流利。

在农村每当有集市的时候，聋头都会带上鼓、骑着车去赶集，这是他的营生。聋头在人群密集的地方寻一块空地，把他的鼓用支架支起来，然后就"咚咚咚"地敲起来了。要先把观众吸引过来。看到不断地有人走来，聋头会先说几个小书目，活跃一下气氛，把人留住，过一会儿等人到得差不多了，就正式开始当天的表演。

他一边敲鼓，一边说唱，说几句或唱几句，再敲几声鼓。这种说书，有的地方叫评书，有的地方叫大鼓书，基本上说的都是一些传统书目，像《三国演义》《三侠五义》《杨家将》《岳飞传》等，老百姓很爱听，过往的群众都会被吸引过来。喜欢听书的一般是中老年男性，大家围着他坐成一圈儿，津津有味地听着，但聋头每说到精彩处便戛然而止，拿着一个小箩筐走到每个人面前。观众也知道他是什么意思，听了人家的书，是要付钱的，观众有的给一角，有的给两角，多的会给五角。当然也有很多人不给钱，一看到聋头拿着小箩筐向自己走过来，拔腿就跑。

每次遇到不给钱的，聋头就会狠狠地瞪人家一眼。收完钱之后，聋头喝口水，又继续敲鼓说书，说到精彩的地方又会停下来，再收一次钱。就这样，他一上午能说一两个小时的书，合计也有五六集的样子。

其实，围坐的这一圈听众，真正能从头听到尾的也就三四成。这一两个小时内，他总共要收五六次钱。简单估算一下，他这一上午的收入大概有二三十元。在20世纪九十年代，二三十元并不少，尤其是在农村，而且他也没费什么本钱。

笔者小时候也喜欢听书，但那时候不能完全听懂，只是凑热闹。还记得那时候笔者没有钱，每当聋头拿着小箩筐向笔者走来的时候，笔者就想跑，他就瞪笔者一眼，举起他的敲鼓槌，好像要敲笔者的脑袋。笔者下意识地"啊"一声，抱着脑袋跑得更快了。

后来笔者想办法搞到了两角钱又去听书，当他走到笔者面前的时候，笔者把两角钱快速地放到他的小箩筐里，一脸得意的样子。聋头向笔者投以笑脸，笔者也开心地笑了，心安理得的感觉真好。

后来笔者去外地读书了，有十多年没有再见过他。有一次笔者回老家，刚好在家门口看到他，发现他跟笔者的父亲居然挺熟的，而且还是笔者的父亲的客户。我站在远处注视着他，毕竟他是笔者儿时记忆里的偶像。后来当他结账的时候，笔者震惊了，他拿出来的钱，全是用绳子捆着的一角、两角的纸币，最大的是五角，而且有的已经发霉了。

那时候的人都是这样，省吃俭用，不舍得花钱，也不懂得把钱存到银行里，他们觉得还是把钱放在家里比较踏实。后来据笔者了解，他从出道的时候，就攒下这些钱，家里还有很多，若不是发霉了，还舍不得拿出来花，有的甚至已经被老鼠啃了。

现在回想起这段经历，这应该是笔者人生中第一次为内容付费。后来到了初中，有的同学已经有收音机了，那时候最火的评书是刘兰芳的《黑虎传》，听众都很喜欢听呼延庆打擂，其实笔者从那时候开始才懵懵懂懂听明白点书里的故事，而且从收音机里听书是不用付钱的。后来笔者了解到，聋头还在说书，而且比以前更有钱了，因为他转型了。

### 2.3.2 转变盈利模式后的说书，类似现在的兴趣电商

在笔者的印象里，一些知名的评书大家，像单田芳、刘兰芳、田连元等，他们会跟媒体合作，把自己说书的内容录下来，用今天的话来说叫数字化。

这些内容变成数字化产品之后，就可以无限次地重复售卖，还可以售卖版权。

如果只是用聋头这种方式，完全靠体力去赚钱，一天赚个几十元，肯定饿不死，但发不了财，要想发财，除非不吃不喝，把钱全部攒起来。

但是后来笔者听家人说聋头发财了，笔者就很好奇，仅凭说书，每天挣的钱并不多，怎么能发财呢？

经过了解，原来他转换了经营的方式。以前他靠说书来赚钱，也就是听众听他说书，需要付费，听众买到的是精神食粮。

后来听他说书不再需要付费，任何人都可以来听，不管男女老少，一律免费。那他怎么挣钱呢？聋头改为靠卖猪饲料来实现盈利了。他还是像以往一样，每当有集市就去赶集。说书的过程也跟以前一样，只是收钱的环节改成了打广告——"老少爷们，你们谁有养猪的，等下听完书可以从我这里买猪饲料啊，各位都是我的老主顾了，价格绝对优惠"，然后接着说书。

他的听众都是农民，这些农民家家户户都养猪，试想一下，你免费听人家说书，听完之后，当你需要买猪饲料的时候，你会去谁家买呢？出于不好意思和想给人家回报的一种心理，就干脆在聋头这里买吧，反正质量都差不多，听完书顺道把猪饲料买回去，也很方便。

猪饲料是一种复购率很高的产品，用完了就要买。聋头就用说书的方式持续输出内容，一边留住老客户，一边吸引新的听众，就这样把他的猪饲料生意稳定地做了下去。

现在的娱乐节目越来越多，说书已经成了一种边缘化的节目，除了农村的老头们喜欢听，在年轻人那里基本上已经没有市场了，所以聋头的盈利模式转换得还算及时。聋头的新商业模式，用今天的眼光来看，就是"兴趣商业"，只是当时没有这种叫法。如今有了兴趣电商，我们回头来看，聋头后来使用的盈利模式跟兴趣电商很相似，唯一不同的是，老艺人们并非通过网络交易，而是传统的面对面交易，所以我们叫它兴趣商业更为恰当。

上一节我们介绍过，如果用传统的盈利模式向客户收钱，很多客户会听完就跑。如果不收钱，这些人就会坐在那一直听下去。用今天的眼光来看，这些人就是流量，而且留存的时间很长。如果聋头还采用传统的盈利方式，流量就会流失，客户的留存时间就会变短。但当他转换了盈利模式后，他的生意就好多了，也稳定多了，做到后来，他们家的生意一个人根本就忙不过来。

有一次笔者刚好看到他们去赶集，从笔者家门口经过。以前的聋头总是骑着一辆单人自行车，后来变成了全家老少骑几辆三轮车一起出动，三轮车上满载着等待出售的猪饲料，听说这些猪饲料当天都能卖完。

笔者简单帮他算了一下猪饲料的利润，要比说书赚的钱多多了。听说他家里盖起了几层洋楼，还修了一个大院子，可见他家确实赚了不少钱，在农村已经算是富裕人家了。

由此来看，今天的兴趣电商，其雏形也许早就诞生了，并不是什么新鲜事物。所以未来的商业模式不能只是卖货，也不能仅仅搞内容输出，而是要把二者结合起来，靠内容吸引人、留住人，再靠带货赚钱。

其实把这个艺人放到今天的电商时代，如果他懂抖音、会拍摄、会发布，他照样能够生存下去，而且他的生意可能会更好，因为互联网会把他的生意推广到全国。

## 2.4 万元商班的故事：抖音小白创业者多数需要手把手教

### 2.4.1 自己开网店月赚 15000 元，众多宝妈纷纷求带

微商衰落之后，宝妈群体巨大的创业需求并没有随之减少，她们还在不停地寻找新的出路。

微商的模式，说到底还是层层加价的模式，它跟电商的发展方向完全背道而驰。

电商的价格是透明的，而且竞争非常激烈，这导致商品的价格越来越低，消费者买到的产品也越来越实惠。

反观微商，沿用的还是层层加价的传统经销模式，产品经过多级代理商的加价之后，在价格方面没有优势。所以真正的零售消费

者并不多，赚钱的大多是顶层商家，他们赚的是代理商的钱。所以很多宝妈代理满怀希望想去赚点零花钱时，都会失望而归，并且会压一大批货在手里卖不出去，成为"接盘侠"。

有一部分宝妈们觉醒后，转战传统的电商平台，从淘宝店开始做起，踏踏实实卖货赚钱，霞姐也是其中之一。霞姐刚接触电商的时候还在上大学，如今已经是两个孩子的妈妈。她既要带孩子，又要工作赚钱，传统的朝九晚五坐班式的工作不适合她，无法兼顾工作和孩子。思来想去她决定还是把电商"捡"起来，电商在家就可以做，她可以一边照看孩子，一边处理生意。霞姐代理了几款产品，放到自己新开的淘宝店里卖，利用自己的聪明才智，每个月都可以赚到一万元以上。

宝妈们都有自己的社群，她们习惯聚在一起交流育儿经验，彼此都很熟悉。当某个宝妈知道了霞姐的收入后，这个消息很快就在宝妈群中传开了。很多宝妈羡慕霞姐的收入，纷纷请霞姐教她们做电商、赚零花钱，并且愿意做霞姐的代理，霞姐卖什么她们跟着卖什么，只要她愿意带她们就行。

霞姐为人豪爽，她知道宝妈们的不易，于是答应了她们，并且毫无保留地从最基础的环节一步一步地教她们。这些宝妈虽然没有什么基础，但在霞姐不遗余力地指导下，很快就步入了正轨。

在利润方面，在她们做了霞姐的代理之后，霞姐把大部分利润都让给了这些代理，自己只留下了一点利润空间。因为产品种类不是很多，而市场空间又有限，当宝妈们越来越多且生意越做越好的时候，实际上代理抢的都是霞姐原本的生意。虽然她也能赚代理的一点利润，但这个利润太微薄了，所以霞姐的收入下降了很多，从原来每月 15000 元下降到了只有四五千元。

霞姐是笔者的师妹，我们认识很多年了，她遇到困难的时候，偶尔会找笔者寻求帮助。她问笔者："这种局面该怎么突破？"笔者告诉她：一种办法就是把代理甩掉，把被她们抢走的生意再抢回来，不过依你的性格，你很难走这条路。还有另外一条路，那就是放大你的格局，你现在已经帮了这么多的宝妈，其实你完全可以帮助更多的宝妈，让她们都有点事情做，都能赚点零花钱补贴家用，毕竟现在男人的压力也非常大，多一个人赚钱，能让大家的日子更好过些。"霞姐非常认可这条路，于是万元商班就此诞生，做万元商班的目的，就是希望让更多的宝妈通过电商的方式，每个月都能有一万元的收入。

## 2.4.2　帮助更多没有经济来源的宝妈

"万元商班的目标是帮助宝妈们通过电商每个月都能获得一万元的收入，不过要想实现这个目标，不能只做淘宝，必须多个平台都做，而且要以抖音电商为主。"笔者对霞姐说。

"你只是带了十几个宝妈在淘宝上做，你的生意就被抢走了三分之二，说明淘宝上的总量和增量空间都不大了，现在风头正盛的是抖音，所以要把重心放到抖音上，其他几个平台顺带着一起做，这样多个平台加起来，才能让你离目标更近。"

既然要多平台长期做，就要重新设计一套模式，特别是要把传统的微商模式的弊端改掉，才会有更多的宝妈们加入，她们中很多人都被微商"伤害"过，如果还用旧模式，很难再与之建立信任。

新模式的要点有五个。

第一，宝妈们不喜欢囤货，所以最好是一件代发。这样宝妈们就不用囤货了，她们过去囤货囤怕了，何况本来钱就不够用。最好让宝妈们只做推广的工作，只负责卖，后勤工作能少则少。电商其实是需要一个团队去做的。宝妈只有一个人，还要带孩子，要想见效益，只能做最简单、最核心的环节。

第二，不能被一个品类固定住、束缚住。以前人们开网店只卖一个类目下的几样产品，那是开网店的思路。现在如果要在抖音上做，那就要围绕着粉丝去做，粉丝喜欢的和需要的你都可以卖。万元商班里的宝妈们是一个互助团体，我可以卖你的产品，你也可以卖我的产品，大家可以做不同的类目，不喜欢开网店的也可以不开，只卖别人的产品也会有佣金和利润，这非常符合抖音上带货的模式。

第三，定位因人而异。不能所有人都卖同一个产品，那样同质化就太严重了。定位要因人而异，从源头上体现差异化。霞姐围绕着兴趣帮每个人定好位，兴趣就是爱好，兴趣爱好是最容易坚持下去的，后续围绕着兴趣爱好输出内容，实现变现。

比如，喜欢读书的，可以以此作为兴趣点，分享你读的一些经典的图书，以及自己的收获，把它做成短视频，万元商班为你提供相应的书店和货源。成员只要每天输出内容、吸引流量就可以了。

又如，对美食感兴趣的，可以围绕着这个兴趣点输出内容，可以录制制作美食的过程，吸引粉丝关注，万元商班帮这些粉丝匹配合适的产品，放到店铺里去卖。

第四，万元商班要为宝妈们解决选品和供应链的问题。只要她们不用操心产品的细节，就能节省很多的精力。虽然是在家里工作，也要跟上班一样严格要求，要保证工作量，且所有的工作都要围绕推广和卖货展开，只要卖出去就有钱赚，就是走在达成目标的路上。

第五，上手简单。大量经验证明，教得再好都不如上手简单。不知道什么产品好卖怎么办？有人帮你选好。不知道产品的卖点怎么办？有人把卖点提炼好，你照着读即可。直播口才不好怎么办？想训练口才，有人教，不想训练口才，坐在电脑前露个脸即可。足够简单，才能做好，万元商班改变了以往电商创业的模式，大大提高了成功率。

笔者对霞姐说："如果你能帮助1000名宝妈每个月实现一万元的收入，那你就功德无量了，因为这背后有1000个家庭，这是多么有意义的事啊！"

现在跟着霞姐做电商的有50多人，其中有十几个人已经做起来了，这些人每月收入已经达到三四千元，虽然离一万元还有距离，但随着她们越来越熟练，多个平台的店铺同时展开运营，相信用不了多久，这一批宝妈们都能实现月入过万元的目标。

笔者又告诉她们："如果想把生意做得长久，就要提升客户服务质量，如果有条件，要给每个客户和粉丝提供电话服务，并且把他们引入到私域流量中，让他们成为长期客户。当这样的客户累积到几千个乃至上万个之后，将来宝妈们的收入就会远远超过一万元了，而且也不用看平台的脸色了，到时候孩子也大了，自己的收入也提高了，完全可以把副业当成主业去做了。"

# 第三部分

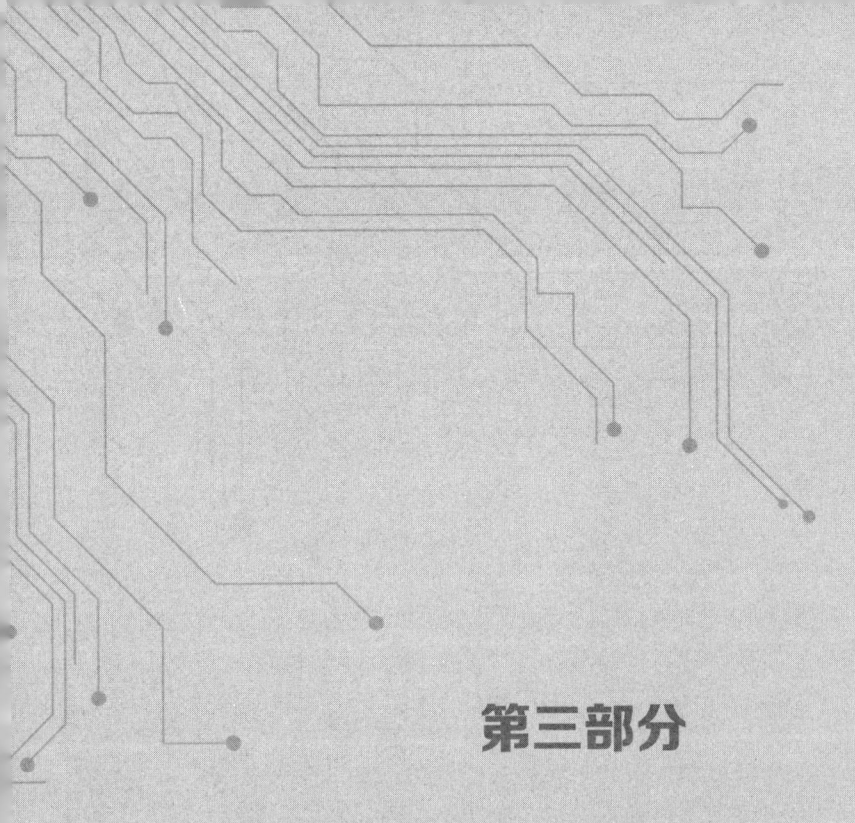

## 兴趣电商骤起对电商格局的影响

　　商业中新事物的出现，会冲击原有的商业格局，被冲击者都要做出相应的调整，能适应的，可以借势发展；不能适应的，就要被淘汰。

　　如今的市场是买方市场，头部主播的风头已经盖过传统企业家。确实，谁能卖货谁最"大"，利润就是王道。所有这一切的变化，我们都要积极适应，看不惯是没有用的。

## 3.1 电商平台或进入三国演义时代

### 3.1.1 App之间的竞争就是抢用户

决定一个互联网公司命运的是用户的数量。

当一个互联网公司的产品量和服务用户量很庞大的时候，这个互联网公司的预期收入就越来越多，实力就会越来越强；而当这个互联网公司的产品量和服务用户量越来越少时，其预期收入就越来越少，慢慢地，可能会亏损，甚至倒闭。

以前我们的产品面对的是"客户"，而互联网公司的产品面对的是"用户"。"客户"跟"用户"的区别在于，"客户"会直接掏钱给你，而"用户"则会使用你的产品，但不一定直接付钱给你，可能有其他人替他买单。

到了移动互联网时代，竞争的本质没有改变，所有的互联网公司都在抢用户，说白了这就是一场所有互联网公司的 App 之战。

如果互联网用户总量是相对固定的，使用一个 App 的用户量多了，那么使用其他 App 的用户量就会相对减少，因为从大体上来讲，用户在同一时间只能使用一个产品或服务，一旦选择，至少在某个时段内会形成一种惯性和黏性。

所以当我们判断互联网公司的兴衰时，就是要看它的 App 用户量是在不断增加还是在不断减少，这几乎是成败的决定性因素。如果用户量在不断增加，这个互联网公司一定会越来越强大；如果用户量越来越少，那么这个互联网公司早晚都要被淘汰，除非它又有新的产品，能够重新吸引用户。

近几年抖音系产品崛起的速度非常快。我们这里说的抖音系产品，更确切地说，应该叫字节跳动系产品，包括抖音 App、今日头条 App、西瓜视频 App 等，这些用户量巨大的 App 都属于字节跳动，它们占据了极大的市场份额，其中抖音 App 的成长速度最快，其日活跃用户数量已经达到了六亿多人。

前面我们提到，互联网用户总量在一段时间内是相对稳定的。有 App 用户量在增加，自然就有 App 用户量在减少。具体来说，字节跳动系 App 的用户量增加了，其他包括腾讯系、阿里系、百度系等主流的 App 的用户量就会减少。

正如当年互联网从 PC 互联网向移动互联网转型时，有大批网站被淘汰了一样，在移动互联网时代，当用户向抖音等 App 转移的时候，也会有很多 App 的用户量逐步减少，甚至退出历史舞台。

候鸟会随着季节的更替，从一个地方迁徙到另外一个地方，寻找最适合其生存发展的地域。移动互联网世界里的产品兴衰也是这个道理，哪里的环境好，用户就往哪里迁徙，同时，用户迁徙到哪个平台上，哪个平台的产值就会快速增长乃至爆发。

## 3.1.2 最终看谁消耗用户的时间最多

移动互联网世界里的产品在此消彼长的时候，有一个奇怪的现象，即 App 之间的竞争并不局限于同类 App。例如，视频类的 App 并非只会抢占视频 App 的用户，新闻类的 App 并非只抢占新闻类 App 的用户，社交类的 App 并非只抢占社交类 App 的用户。真实的场景是，在庞大的互联网用户量面前，各个 App 如百花争艳、百鸟争鸣，谁开得更艳，谁的嗓音更悦耳，谁面前聚集的人就多。

随着抖音等 App 的崛起，其用户量在逐步增加，而其他 App 的用户量整体都在减少。

表面上我们看到的抢用户，说到底，其实是在抢用户的时间，最终谁能占据用户更多的时间，谁就能赢。

举个例子，现在大家都开始玩抖音了，但并不是就不用微信了，只是相对于从前把大部分时间都花在微信聊天和刷微信朋友圈，现在把更多的时间花在了抖音上，使用微信的时间自然就减少了。同样，当我们需要买东西的时候，我们还会打开淘宝、京东或者拼多多。但不会像以前那样把更多的时间用来逛淘宝、京东等购物 App。

以前我们追剧，都是去视频网站或 App 上观看，现在在抖音上，不仅能看新闻，还能看我们身边人的生活百态，更能刷到自己喜欢的影视剧片段，有的甚至是连载的，用户就这样一步步把越来越多的时间花在了抖音上。这样一来，视频类 App 的使用率就降低了，用户停留在上面的时间也减少了。

互联网产品的盈利模式大部分以广告收入为主，而广告展现次数的多少跟用户在平台上停留的时间成正比，用户停留在某个 App 上的时间越多，平台展现广告的机会就越多，平台通过广告获取的收益也就越大。因此，我们看到抖音等产品近几年的收入都在高速增长，与此同时，我们也能感受到其他互联网公司已经开始有些焦虑了，比如微信。过去，用户使用最多的 App 就是微信，微信占据了我们每天大量的时间，不仅用来跟朋友聊天，还会发布动态到朋友圈记录生活轨迹，有的人一天使用微信的时间甚至长达十几个小时，这为微信创造了巨大的商业价值。如今，用户的时间被抖音等 App 抢走了，于是微信开始重点发展视频号，目的就是把用户从抖音手里抢回来。

电商也同理。举一个典型的例子，如果一个用户每天都有刷淘宝的习惯，他自然就会多购物。就像一个人如果经常赶集，那他碰到喜欢的产品并购买的概率，要比从来不赶集的人大得多。只要用户愿意把时间花在你的平台上，就可以产生和创造商业价值。而用户的总时间是有限且固定的，注意力也是有限的，当用户把更多的时间花在一个产品上的时候，那他使用其他产品的频率就会降低，使用时间也会减少。当平台占用用户的时间减少后，平台的收入自然也会减少。

所以，每个平台都在千方百计地抢用户，抢来之后更需要留住用户，即靠内容吸引用户，让他停留更长的时间，这是每个 App 的核心诉求。如果你创作的内容能够吸引用户观看，甚至能让他参与进来，停留更长的时间，那平台就会大力推荐你的内容。

平台在考察短视频和直播时是有一些具体的指标的，如完播率、用户停留时长、点赞率、评论率等，而这些指标背后隐藏的意义就是：你所推出的内容是否能够吸引用户的眼球，进而协助平台消耗用户的时间。

如果你的内容能帮平台留住用户，让用户在这个平台上消耗更多的时间，那么平台自然就会更加喜欢你，流量自然就会朝你倾斜，这是相辅相成、相得益彰的。

## 3.1.3　哪里人多，商业机会就在哪里

捕鱼要到鱼多的地方，赚钱要到钱多的地方，这个道理都是相通的。

人聚在哪里，钱就在哪里流动！

当抖音达到几亿日活跃用户数量时，这其中同时也就隐匿了巨大的资金流，潜藏着巨大的商业价值。

商人们天生具备非常灵敏的嗅觉。就像动物世界里那些肉食动物，它们会随着食草动物如斑马、羚羊这些群体的迁徙而迁徙；当

用户都跑到抖音等 App 的时候，商家自然也就跟着来了。这不需要引导，也不需要有人吆喝，对商人们来讲，这是最基本的逐利行为，是对商机的本能感知。

最早进来的一批人，把流量从抖音上引到微信上，然后在微信里成交；过了一段时间，抖音平台开始对接传统的电商平台，如支持把淘宝上的产品挂到抖音的小黄车里出售，用户产生购买意向后，直接在淘宝平台上成交付款；再后来，抖音开始发展自己的电商平台，不再为单纯地为其他电商平台导流，抖音小店就此问世。

有了抖音小店，用户成交的路径更短了，购买方式更便捷了。而对于抖音平台来说，也更容易管理。以前很多商家都把抖音当成"草场"，商家在上面"种草"，然后把流量引到其他平台成交。而抖音自己发展了电商平台后，用户对什么产品感兴趣，就可以直接购买了，自此，整个电商的格局也发生了新的变化。

抖音作为一个新的电商平台能做多大？未来的电商平台格局又会是什么样的？这都需要我们根据以往的互联网发展规律，对未来进行推测。

在抖音进入电商领域之前，淘宝、天猫、京东、拼多多等几个大平台各显神通，占据了中国电商平台的主要市场份额。

现在抖音电商平台已经崭露头角，并隐隐有爆发之势。前面我们已经说过，一个新的 App 的崛起，首先抢的是用户，其次抢的是用户的时间。抖音电商崛起的结果必然是一些传统的电商平台用户量会减少，用户使用率和时间也会减少，大量用户会转移到抖音平台上，并逐渐在抖音上购物。

至于能崛起到什么程度，这就取决于其用户数量和用户的平均使用时长，因为这决定着用户在这个拉锯战中是形成新的消费习惯还是退回原有的消费路径。

抖音提出了一个新的概念：兴趣电商，这是一种跟传统电商完全不一样的运营逻辑，而这种逻辑极有可能逐步颠覆传统电商平台的运作模式。

互联网行业有一种做法叫降维打击。就是我如果要跟你竞争，就不能按你制订的规则走，而是必须自成体系，重新设计一套规则。因为，如果按你制订的规则走，你始终是老大，而我现在要想完全颠覆你，就必须制订我自己的一套逻辑，培养我自己的一套打法。

在传统电商里，最初的规则都是淘宝创建的。淘宝从 2003 年开始建立了以商品为中心的管理规则，即按类目划分、管理产品和店铺，与线下的行政管理和监管体系一一对应。

比如，你想在淘宝上卖食品，那你就需要获得食品类目的经营许可，即首先需要接受所在地的食品药监行政管理部门的监管，才能在淘宝上发布对应的产品。同样，如果你想卖图书，你就要有图书经营许可，以此类推。这套监管和管理规则就是淘宝创建的，后来的天猫、京东还有拼多多，基本上也都沿用了淘宝制订的这种管理规则。

以商品为中心的管理体系，在商品数量极大的情况下，买家要想第一时间找到自己需要的商品，必然要借助搜索工具，所有的传统电商卖家都适应了这套规则，买家同样也习惯了这样的购物方式。为了能让商品以更大概率出现在买家的面前，卖家要千方百计地提高自己的产品排名，因为排名靠前就意味着有流量，有流量就意味着可能有销量。

后来拼多多兴起，发展出了社交电商，其借助微信里每个人的社会交往关系，通过拼团、砍价等方式获取新用户，这种利用社交关系进行裂变的推广模式确实为拼多多拉来了很多的用户，拼多多也因此迅速成长起来。搜索电商和社交电商双头并进的电商格局就此形成。

再之后，抖音提出了兴趣电商，虽然只有四个字，但也隐隐预示着一种电商新生态即将兴起。所谓兴趣电商，首先，在用户产生购买欲望之前，电商卖家们展现出来的内容本身有足够的吸引力，能够吸引用户的注意力；然后，内容释放出来的信息同时又能刺激用户的神经，激发用户的需求；最后，双方一拍即合，买方卖方各自欢喜。至此，兴趣电商平台和卖家也同时实现了各自的变现目标。

所以"兴趣电商"这四个字本身就代表了一种新生态，既能够吸引流量、留住用户，又能够激发购买欲，产生经济利益。这跟传统的搜索电商和社交电商完全不同。

未来，各大电商平台将以搜索电商、社交电商和兴趣电商为方向，将电商格局三分天下，大有三国演义之势。至于每一个电商平台分别能占据多少市场份额，主要取决于它的App本身具备多强的用户吸引力和黏性，以及能够吸引多少用户及占用用户多少时间。

电商平台的格局将发生巨大改变，商家要做的不是负隅顽抗，而是要适应这种变化。不管你是主动调整还是被动接受，最终都需要适应这种变化。就好比天要下雨，与其想破脑袋阻止，不如提前备好雨衣以免耽误行程，实在没有雨衣，也应找好屋檐躲雨，才不至于被"暴雨"伤及根本。

## 3.2 电商的三次价格革命

互联网技术在给人们的生活带来便利的同时，也渗透到了各个领域，包括商业领域。

在商业领域中，人们借助互联网技术大大提高了生产和流通的效率，随之而来的就是更低的生产成本。电商与传统商业的博弈由此兴起。

掌握着更低价格、更高效率的电商越来越具有竞争力，这种新的竞争力的崛起，迫使传统的高价格、低效率的商业体系逐步瓦解。当然，随着互联网技术的不断进步，电商领域也不断出现新的形态，新旧拉锯战从未间断，不变的是商业格局一直都在持续调整，或被取代，或被淘汰。

那些被淘汰的商业形态，大多有一个共同的特征：被低价打败。所以，我们把这类更替统称为价格革命。

我们接下来就回顾一下，在电商兴起的近二十年时间里，以低价为阵营的电商集群是如何占据战略性高地，以压倒之势取代高价阵营的。

了解电商发展的历史，能让我们对兴趣电商的崛起建立预见性的认知，进而也对整个商业形态的未来格局有更深刻的认识。

## 3.2.1 第一次价格革命：传统线下经销体系被瓦解

淘宝成立于2003年。在当时中国电子商务领域To C的网站中，它只有一个竞争对手，即eBay易趣。

当时淘宝首要的目标就是打败eBay易趣。淘宝当时使用的就是价格武器：eBay易趣当时是收费的，商家上架商品要收费，商品卖出去了也要抽成；而淘宝商家则可以免费开店，无论上架多少产品都不收费，交易也不扣佣金。

高手过招，一招定输赢。淘宝只用了这一招，就成功地把商家都抢过来了。eBay易趣被淘宝用价格打败了，从此退出了中国，淘宝理所当然成为电商To C领域的领头羊，并在接下来的很长时间里一家独大。

淘宝作为一个平台，需要构建一种商业生态，这其中除了它自身，还有两个主角：卖家和买家。这三者之间，构成一种稳定的三角关系，保持着稳固的生态平衡，在这种商业生态高速发展的过程中，离了谁都不行。

当时在淘宝上开店的卖家大多是刚毕业的大学生，他们不喜欢朝九晚五的工作，不愿意工作被时间束缚住，所以就选择在淘宝上开店。

传统的实体商家看不懂、也看不上这种新鲜事物，觉得这些人就是不务正业。网上能有什么生意呢？这是他们的感受，也是他们当时的心态写照。

当然这样的心态源于他们的实体店生意确实很好，有他们认为的足够的既得收益，所以这些人在当时的环境下不可能放弃稳定的收入去选择一种未知的且有风险的新生事物。

所以早期的电商卖家，以大学生群体为主。他们的生意之所以特别好，主要还是因为传统的、有实力的竞争对手都还没来跟他们竞争。

而且，这些电商创业者只需要一台电脑、一条网线就可以开张了。他们从批发市场把产品进回来，放到自己的网店里，只要加一点差价就可以卖了。

大多数人在自己家里开店，没有房租，也不用请员工，除了库存，各方面的成本都比较低，所以他们的商品就可以卖得很便宜，同一件商品，售价可能只是线下实体店的七八成甚至两三成。更有一些新卖家，为了让新店在短时间内火起来，甚至会亏本冲销量，可想而知，这样的价格在实体店卖家看来，简直是低到没有底线。当电商平台上同样的商品售价比线下实体店便宜这么多时，自然就会有越来越多的人开始选择网购。

当然，也有一部分消费者对网上购物持怀疑态度。于是淘宝开始逐渐完善担保交易机制，让客户的钱更安全，同时完善了淘宝的评价机制和退货机制，让客户买到的产品质量更有保障。消费者也逐渐发现在线上买东西，如果质量不好，或者商家服务态度不好，可以给商家差评或者随时退换货，这相对于在线下实体店买错东西，退换货的成本更小，实现起来也更便捷。

淘宝创建的诚信交易体系慢慢地赢得了客户的心，越来越多的人开始选择网购。电商就这么从开始的默默打拼，到后来轰轰烈烈地成为商业主流。越来越多的人开始从网上购物，电商卖家的生意也越来越好，电商平台的卖家也越聚越多。

实际上，在最开始的阶段，这些卖家也只是在进行一些产品的搬运工作。他们采用的都是薄利多销的策略：每一件产品利润都很低，但因为网购人数在逐渐增加，每一件产品的销量都很大，所以总体算下来，一天获得的利润并不比实体店少。

随着网购群体的扩大，实体店的生意也在慢慢减少。小微卖家最先受到冲击，一些中小卖家的生意也开始下滑，结局就是越来越多的商家没有生意，入不敷出，迫不得已开始转型。于是我们看到，一边是电商不断地发展壮大，另一边是传统的经销体系逐步萎缩、甚至瓦解。

如果只看表面原因，那就是因为实体店的价格比网上贵；如果分析深层次原因，那就是因为传统的经销体系层级太多：一个产品从出厂开始，有总经销、省级代理、市级代理，或者从一级批发市场，到二级批发市场，再到零售商，最后到消费者手里，层层加价。因为需要养活很多人，所以产品到达消费者手里的价格不得不贵。

这种经销体系，在电商时代，无疑是一种低效率的代名词。对于每一个线下的零售商而言，每天能服务的客户数量是受地域限制的，他必须也只有保证每一件产品有足够的利润空间，才能确保这一个实体店能生存下去。

而网店每天面对的潜在客户数量是实体店商家无法想象的，每天的订单量可以是一个实体店的几十倍乃至几百倍，而随之增加的成本又比实体店低很多。

所以，把这两种商业形态放在一起竞争，结局几乎一目了然，最终呈现给我们的结局就是：低效率的、高价格的传统线下商业模式，被高效率、低价格的电商逐渐替代。

传统的线下商业模式，因为电商的兴起而被价格"革了命"，这就是第一次电商的价格革命。

### 3.2.2　第二次价格革命：以搬运为主的电商人逐渐被淘汰

淘宝创建的电商生态体系，经过十几年的高速发展，达到了顶峰，此时的淘宝日活跃用户数量可以过亿。

整个平台上的商家数量达到了一千万左右，卖家的数量，一方面反映出电商的发展速度非常快，另一方面也反映出其中的竞争者越来越多。

在这一千万的卖家群体里面，每天新增的卖家数量有上万之多，同时每天关店的商家也有上万家，我们可以把它看作一种新陈代谢。

关店的这些卖家肯定都是因为不赚钱，没利润，或者赚到的钱越来越少，以至于养活不了自己，才不得已关店的。特别是最近几年，随着拼多多的兴起，淘宝上的商家数量快速减少，每天关店的数量越来越多。

到了 2020 年，出售天猫店的商家越来越多，且价格一路下滑。以前一个店能卖几十万元，到后来几万元都没人要，这一方面是因为出售的店铺数量越来越多，另一方面是因为天猫店的生意越来越难做。我们之所以以天猫店为例，是因为天猫店比较容易转让，而淘宝店的数量要比天猫店多不少，但因为没有人买，卖家只能直接关店。

如果单从数据来看，淘宝平台上每天都有新开的店，也有新关的店，在拼多多兴起之前，其新陈代谢的节奏相对来说是稳定的。但随着拼多多的兴起，淘宝平台上关店的商家成倍增加，总体来说，关店的商家比开店的商家要多。直接原因就是平台没流量了，没生意了，赚不到钱，间接原因是拼多多吸走了大量淘宝的流量。

拼多多为什么能把淘宝的用户吸引过去呢？因为拼多多上的产品价格更低！同样的产品，哪里卖得便宜，消费者就会去哪里买。虽然淘宝平台并没有倒掉，但是总计上百万名淘宝卖家转型或转行，这就是电商的第二次价格革命。

淘宝平台上的卖家起初以大学生群体为主，他们主要通过搬运，也就是从批发市场上进货，然后放到自己的网店里去卖。

而拼多多上的卖家主体是工厂，很多产品都是工厂直销或工厂直营的，商家直接以出厂价作为零售价。也就是说，他们的卖价比大学生到批发市场上拿货的进价还低，试问，淘宝上的卖家用过去的方式进货，其产品价格还有没有竞争力？

答案一目了然。

谁掌握了低价，谁就掌握了"杀手锏"，谁就拥有了主导权。甚至不需要任何营销技巧，一招简单粗暴的低价策略，就能把客户都吸引过来。

其实之前在淘宝平台上，大家都痛恨价格战。但到了拼多多平台上，大家发现之前的那些竞争简直是小巫见大巫，在这个平台上，价格没有最低，只有更低，甚至连平台都在拼命地帮助买家压价格，随便找个借口就让商家调低价格，比如经常引导商家报活动，但是需要先降价，等活动结束了，买家认定了低价，商家想再调回来就很难了。

在第二次电商的价格革命里，掌握着更低价格的工厂直接开始做零售，早期以搬运为主的电商人纷纷出局。

### 3.2.3　拼多多为什么能崛起？天时、地利、人和

互联网企业因为用户量庞大，比起传统的线下企业，其成长速度也非常迅猛，有些传统企业发展三四十年才能做到的业绩，互联网企业可能几年就能追上。

传统企业没有三四十年很难做到千亿元市值，可对于一些互联网企业，短短几年内做到千亿元市值的也不在少数，最本质的原因就是其用户基数非常庞大。

按道理来说，目前的互联网企业不愿给新的创业者留下任何的生存空间和发展机会，但我们依然可以看到，新的 App 在巨头面前不断崛起。这就说明任何一个公司只要找准自己的市场定位，天时、地利、人和，各方面的条件全都具备后，一个伟大的企业就能诞生。

拼多多为什么在行业里已经有巨无霸的情况下，还能从夹缝中长成参天大树？这其实也是天时、地利、人和共同作用的结果。

（1）天时。

首先就是天猫给拼多多留下了空子，为其创造了机会。

为了顺应质量升级的舆论和潮流，天猫提出了消费升级，即帮助商家把利润提升上来，目的是希望商家能够多把费用放在研发和提升产品质量上。

这么多年过去了，结果很明显，大众消费不仅没有升级，反而降级了。

事实就是，大家喜欢的并不是更贵的产品，而是更便宜的产品。

而拼多多就是以低价著称的，价格低到让你难以想象。

在拼多多打着低价的旗号抢用户的时候，天猫整体都在提价，这就导致很多喜欢便宜商品的客户一下子从天猫涌入了拼多多。

（2）地利。

光有天时还不行，还需要地利，这个地利就是商家。光有喜欢低价产品的买家是不够的，还需要有能提供低价产品的商家。平台只是搭台子，没有商家，这个戏是唱不成的。商家从哪里来呢？有没有商家愿意提供更低价格的产品呢？实际上不仅有，还非常多。

随着天猫提出消费升级，很多低端厂家想在天猫上开店越来越难，不仅如此，一些低质量的商家也被清理了出去。

当被天猫拒之门外以后，这些中小厂商先是试着在京东开店，后来京东也对其采取"关门"策略，最后连唯品会和当当这样比较垂直的平台也对其采取了"关门"策略，导致这些商家的产能无处释放。所以，当拼多多要走低价路线时，这些厂商一下子就看到了希望，纷纷涌入拼多多。于是厂家直销这种模式在拼多多亮相，出厂价就是零售价，这无疑是实惠的代称。

（3）人和。

所谓人和，也就是拉更多的人来这个平台上购物，让更多的人知道拼多多的玩法。

拼多多创新了拼团玩法，借助微信实现用户裂变功能，即一个人要实现超低价购物，就需要请亲戚朋友齐上阵，帮你砍价。那些帮你砍价的亲友借此也都知道了拼多多。

助力的朋友多了，他们自然也想尝试一下，一旦尝试之后，他们发现拼多多上面的东西确实便宜，然后就慢慢开始在拼多多上购物了。很多之前从来不网购的人，也都加入了网购的大潮之中。

于是很多人都开始囤货，理由就是便宜，甭管需不需要，先囤起来再说，万一将来有用呢？

拼多多就这样在天时、地利、人和的环境中，迅速崛起。

实际上这就是第三次价格革命的苗头。这次革命的对象是谁呢？目前来看是社区的商超，还有一些普通的菜贩。橙心优选、多多买菜、美团优选等社区团购平台借助互联网提升了效率，降低了价格，以此把社区用户都吸引到这些平台上，抢夺了诸如蔬菜这样的日常生活必需品的市场。

人们坐在家里用手机就可以订购蔬菜，而且价格比商超或菜市场还便宜，甚至还可以通知团长直接送货上门。在将来，我们又会看到一大批商家将无生意可做。

## 3.3 早起的鸟儿有食吃，最早在抖音上"吃到肉"的是哪些人

抖音平台上人很多，流量特别大，商业机会非常多。

最先来这里"抢食"的，就是其他平台上的大主播。

为什么这些头部主播们能最先"吃到肉"？

首先基于他们的商业敏感性。所谓商业敏感性，就是你的粉丝去哪，你就要跟着你的粉丝同步迁移，比如你的粉丝原来喜欢刷淘宝，现在都去玩抖音了，慢慢地，你发现淘宝的流量在下滑，竞争却越来越激烈，商家越来越多。加上平台对大主播有限制，主播想要更多的流量，就需要花更多的钱。

对于头部主播们来说，换到一个新的平台上，只要注册和开通新的账号即可，其他的东西都是现成的，有供应链，有直播团队，有熟练的直播套路和技术，而且这些平台上还有他们的粉丝，他们

只要一开播就有人买，这也是品牌效应。这里的品牌并非基于产品，而是基于主播本人。

这些头部主播们原本就非常有名，他们不管到哪个平台上，只要是他们在卖，他们的粉丝就会买，只是换了一个地方买而已。

其次是平台的需要。抖音要做电商，现在抖音上的用户已经很多了，这些都是潜在的买家。但是要想把电商生态做起来，就不能只有平台和买家，还要有卖家。

怎么才能更多更好地吸引卖家来这个平台上开店或者卖货呢？先行树立榜样比拼命吆喝显然更具有说服力。

如果这些头部卖家在抖音平台上带一次货，就能卖几亿元，那这样的成功案例本身就是活广告，这比主动邀请卖家或花样招商还有效。所以平台非常需要这些头部主播们创造新的业绩制高点，最好能比在原来的平台上创造更好的业绩，以此来吸引更多的主播和商家来到抖音平台。

随着商家不断进入平台，平台也在进一步完善交易体系，基于平台、买家和卖家组成的新生态格局就建立起来了。

最后，头部主播们也非常愿意抓住抖音电商的红利期。

抖音平台给出这种扶持机会，希望头部主播们把业绩做高。对于头部卖家来说，只需要顺势而为，就可以做出很好的成绩。比起有诸多限制还要砸钱买流量的原有平台，用最小的投入获得更大的产出，何乐而不为呢？

于是，我们看到这些头部主播一晚上在抖音上都能卖好几亿元，这种案例也被抖音铺天盖地地宣传。

所以就有了抖音电商 2021 年 1 月比 2020 年的 1 月的 GMV（Gross Merchandise Volume，商品交易总额）同比增长五十倍的业绩，这背后有大批商家加入的功劳。而之所以有那么多商家涌入，就是因为这些头部大主播的示范效应，当然头部大主播同样赚得盆满钵满。

## 3.4 品牌商如何应对兴趣电商的兴起

### 3.4.1 传统品牌与头部主播互相成就

在新电商形态下，传统品牌与头部主播互相成就。

这些头部主播不管在哪个平台带货，单纯基于他们的个人品牌背书远远不够，他们需要借助传统品牌的知名度，与粉丝建立信任关系，因为这些传统品牌已经存在多年，在消费者心中也已经深深地扎根。这些头部主播要想在粉丝心中建立货品高性价比的印象，除了严选独特的产品，更重要的是寻找一些知名度高的传统品牌。

传统品牌一直有很多经销商在经营，消费者也比较认可，品牌本身已经解决了需求和信任的问题，主播的粉丝看到这个品牌的产品，如果有需要，可能就会在直播间里购买。主播需要解决的问题是，如何让粉丝不在其他渠道里买，只在他这里买。同时，头部主播要提供的价值点就是，产品比其他渠道都便宜，这样就给粉丝建立了性价比高的心理基础，消费者就这样被抢过来。头部主播销量增加了，其他渠道的销量无形中缩减。

粉丝用一个实惠的价格，买到了预期中高价的品牌产品，自然会非常满意。粉丝的这种心情会转嫁到主播身上，进而更加信任和喜欢主播。这就是主播培养"铁粉"的常用套路。如果你一上来就卖一些奇特的产品，那么势必需要"教育成本"，而已经有知名度的传统品牌就没有这方面的顾虑。因为传统品牌已经"教育"消费者很多年了，而且价格相对来说比较透明，主播只要进行价格对比，让自己的产品价格比别的地方都便宜，大家自然就会在你这里买了。这是传统品牌成就主播的过程。

同样，这些头部主播也为传统品牌的再次腾飞贡献了自己的力量。

传统大品牌现在基本上都在转型做电商，和其他的电商卖家一样，他们需要清理一些库存，或者需要在市场投放新品，都可以借助主播庞大的粉丝群进行运作。尤其是当一些品牌商库存量比较大时，这些头部主播开展一场直播，就可能把积压库存全部清除，这让品牌商感受到了直播的强大威力。

如果主播推广新品，一场直播下来，也能带火新品，这对品牌商来说，意义非常重大。从经济效益的角度来说，比起传统的广告投入，这样的方式直接把推广和销量关联在一起，让每一笔推广费都直接产生了收益。从项目的角度来说，如果使用传统的流程，需要经过很长时间反复验证，投入的人力、物力还有项目研发费用都比较大。而通过主播带货，在很短的时间内就能知道这个新品是成功了还是失败了，能极大地提升新品测试及投放的效率。

所以说传统大品牌和头部主播之间是互相成就的关系。

有了一个一个传统品牌的加持,这些头部主播的名气越来越大,**粉丝越来越多**。

一个一个的传统品牌,叠加在一起就像一个梯子,头部主播踩着梯子,一层一层往上爬,一直爬到最高的位置。

## 3.4.2　传统品牌为什么纷纷自播或请直播代运营

进入 2021 年之后,我们注意到,很多传统品牌开始自己建直播团队或者请直播代运营,比较著名的如御泥坊、韩都衣舍等,都自己建立了直播团队,我们每天都可以看到他们在直播。还有一些品牌,如蒙牛,其可能不擅长自己直播,于是就与直播代运营公司合作。

近一年来,直播代运营公司的业务非常繁忙,很多大品牌要求与其合作。特别是公司不位于一线城市的品牌,很难建立能带货的直播团队,因为没有足够的相关人才。优秀的主播大多集中在一线城市,小城市一般很难招到优秀的主播。即便你能提供高薪,他们也不一定愿意去。除了优秀的主播,还要有配套的运营、助播、推广人员等,总之,搭建一个能够带货的直播团队并不容易。

一些传统企业没有自己做直播的原因是,其只擅长做产品,甚至连普通的电商做得都不够好,更别提把直播做好了。所以,与其自己投钱建立直播团队,还不如把这一业务外包出去,交给专业的代运营公司。当然,代运营公司也愿意接手这样的大品牌,因为大品牌客户带来的品牌效应，能为他们与后面源源不断的中小品牌合作进行背书。

那为什么品牌方都要自己建立直播团队，或者把直播外包给代运营公司，而不是持续找头部主播或者达人带货呢？

因为无论是头部主播还是达人，都只能偶尔用一次，不能天天用。一方面，头部主播们的直播费用很高，另一方面，他们也不愿意天天卖同样的产品。他们要考虑粉丝的需求，一个产品卖一次，就把粉丝积攒了一段时间的需求都释放了。粉丝没有需求了，再播也没有意义，甚至会导致粉丝流失。而品牌方自己播就没有这样的顾虑，因为你的客户知道你是卖某类产品的，你可以天天播。卖什么，就吆喝什么，天天吆喝自己的产品很正常。

此外，头部主播或者达人频繁带货会破坏传统品牌原有的价格体系。但凡知名的传统品牌，都有自己的销售网络和分销体系，在全国各地可能有几千家或者几万家经销商。一旦伤及那些经销商的利益，无疑会动摇品牌多年积累的根基。

上一节我们讲到，传统品牌和头部主播之间是可以互相成就的，不过这只是建立在短期的合作上，头部主播卖的主要是传统品牌的库存产品或新品。他们偶尔也卖促销品，但数量有限，不属于常规产品，可能是专门为某个主播定制生产的一批货，卖完就没有了。

如今，经常出现这样的乱象：有些头部主播为了讨好粉丝，无底线压低价格，这类行为不仅严重触犯了品牌方的直接利益，也会遭遇品牌经销商的集体抗议。所以当品牌方注意到头部主播和达人带货会破坏自己的经销体系的时候，为了维护品牌的形象及经销商团队网络体系的稳定，品牌商也只会在清库存或者新品上市的时候找头部主播或达人带货，对于日常的直播，要么自己建立直播团队，要么委托给代运营公司。无论自己建立直播团队还是代运营，都会按照品牌方自己的价格体系走。直播不仅是为了增加销量，也是在维护并扩大品牌的影响力。

### 3.4.3　中小品牌对头部主播的刚需

随着头部主播的知名度和带货能力越来越强，他们在品牌方眼里的价值也与日俱增。

以往，商家或许只看到了头部主播的带货数量，也就是每场直播产生的实际销量。现在，越来越多的新品牌，开始看中头部主播的直播带来的附加价值，即销量之外的声量价值和背书价值。

比如，一个新品牌被薇娅、辛巴或者罗永浩推荐过，如果被带火了，就可能达到品牌创立以来的最大销量。哪怕只火了一次，品牌的知名度就可能大大提高，比过去在一个省级电视台持续打广告的效果还要好。

在如今传统媒体没落的时代，自媒体也越来越分散，要想快速建立品牌效应，性价比最高的方式可能就是让这些头部主播为其带货。毕竟从经济效益的角度来说，带货比代言更有意义，因为回报立即就能显现。

很多品牌过去是请明星代言，现在变成了直接请明星直播带货，从单纯图名到名利双收。一方面，知名度提高了，另一方面，销量直接增长了。也许第一次不赚钱，但如果产品质量很好，口碑不错，在用户复购的时候就开始赚钱了。

甚至因为一次火爆带货，一个新品牌就逐渐建立起来了。相比过去传统的营销方式，这种打造品牌的代价太低了，单就这一点而言，新品牌对头部主播的需求就会越来越强烈，简直是刚需。

另外，被头部主播带货之后，新品牌的品牌之路更宽了。

这里的"路"主要是指，你的品牌有了领头羊的背书加持，也在直播界有了一种无形的话语权，小主播会跟风抢着带你的货。

若不是这样，你可能需要挨个找小主播谈，他们不一定能够看上你。是他们求着你，还是你求着他们，这不仅仅关乎效率问题，还关系着需要让出多少利润的效益多寡问题。

这就开创了一种新的局面，你的产品被头部主播带过一次，火起来之后，将会有很多小主播和达人帮你持续带货。于是，你的销量也能继续保持。如果后续的营销能够跟得上，新品牌借助这一系列连环的动作，可能很容易就闯出新的名堂。

新品牌对头部主播的需求是刚需，这就是头部主播的独特价值。也可以说，即便有一天传统品牌都不与头部主播合作了，头部主播只接新品牌和小品牌的推广任务，都会应接不暇。因为对于一个新品牌来说，最需要的就是既有销量又有声量，而头部主播正好可以同时满足这两方面的需求。

## 3.5　知名企业群体如何看待直播

俗话说，铁打的营盘流水的兵。

在商业领域，到底谁是营盘，谁是兵？谁在变，谁又是不变的？这并非由自己说了算，而是由市场决定的，准确来说，是由自己所处的位置及背后代表的价值所决定的。

在商业体系里，位于最顶端的是品牌商和制造商，其核心价值就是拥有好产品，能够满足市场需求。如果其产品跟不上时代了，也将被无情淘汰，诺基亚就是一个例子。

对于品牌商和制造商下面的以销售为主的经销商来说，其核心价值不仅在于流通，也就是说不仅能把产品完整送到客户面前，还要提供足够高的性价比。当性价比不够高的时候，其也会被客户抛弃。

所以只有拥有高价值，才能够让你一直屹立不倒，成为铁打的"营盘"；当你失去价值的时候，就变成流水的"兵"。

下文选取几个典型的例子，从另一种角度介绍一下这种新事物，即直播出现之后，这些知名的企业家是怎么看待直播的。我们选取海尔的张瑞敏、娃哈哈的宗庆后和格力电器的董明珠的看法，他们在业界都比较有影响力，他们的言论也很有代表性。

## 3.5.1 海尔的张瑞敏这样说

我们先看看海尔的张瑞敏是怎么说的。

张瑞敏在一次演讲中说："现在直播带货非常火，一晚上可以卖几亿元。但所有的直播带货，不管多红，都少不了一句话：全网最低价。很可怜，你要进入打价格战的阶段了。这其实没有什么新鲜的东西。"

这段话反映出在张瑞敏的认知中，直播带货虽然很火，一晚上就能卖几亿元，但它真正的价值其实是高性价比，而这种性价比是通过全网最低价的方式体现出来的，简单来说，这个火爆的销量实际上是从别的渠道截流的。

换句话说，如果按照正价销售，很多商家能共同获得产品的利润，现在被一个大主播抢占了。大主播为什么能抢走其他经销商的生意呢？因为大主播的货价格最低，是全网最低价。

问题是他为什么能以全网最低价出售产品呢？他到底赚不赚钱呢？他背后的品牌商又赚不赚钱呢？

因为大主播拿货量大，在品牌商和制造商眼里，他属于超级大客户。这样的超级大客户，在价格方面就有谈判的话语权。如果提供不了最低价，那他就卖别的品牌的产品。

谁能把货卖得更多，谁就有话语权。

所以品牌商有时候也不得不让步，给大主播的价格比其他经销商要低。主播利用这种进货价低的优势，打败品牌商的其他经销商，把原本属于经销商的订单都抢到自己名下。

其实张瑞敏的这段话也折射出一些问题，比如在某些企业家眼里，现在这些头部主播对品牌商、制造商进行压迫，压缩了其利润空间，很可能会把已有的经销体系搅乱。

实际上这场无形的价格战天天都在上演。于品牌商，是左手打右手，于经销商，是兵不血刃却伤筋动骨。从长远来看，这对整个品牌的形象会产生不良影响，也不利于整个经销体系的稳定发展。虽然品牌商很不情愿，但也很无奈，大环境下的买方市场的力量非常强大，谁也躲不掉。

## 3.5.2 娃哈哈的宗庆后这样说

知名企业家，娃哈哈的创始人宗庆后曾在一次公开的演讲中这样说："现在，网红带货是一片乱象。首先，坑位费和代言费都很高。其次，网红自作主张，压低产品的价格，扰乱品牌的市场终端价，这对于品牌来说无疑是饮鸩止渴。"

前面我们讲过，头部主播与传统品牌是一种互相成就的关系。这里我们重点提出，头部主播需要拿传统品牌的知名度做背书，品牌商需要头部主播为其清理库存或为新品的推出打头阵。

头部主播借助粉丝对传统品牌的需求和信任，来强化粉丝对自己的喜爱和人设：在我这里购物有福利。有时候，品牌商不一定给头部主播多大的价格优惠，他们拿到的价格或许并不比其他经销商低，但是很多主播为了吸引粉丝、抢流量，宁愿以低于进货价的价格亏本冲销量，为粉丝提供福利。钱是主播自己的，他们愿意赔钱，作为品牌商，你又能怎么办呢？

如果是固定的经销商，品牌商或许可以没收他们的押金或者保证金，还可以从其他方面制约他们。但头部主播只是偶尔亏本冲销量，这些传统的知名品牌在他们眼里只不过是吸引粉丝、强化人设的一种道具，主播权当花钱做广告了。所以品牌商对主播的制约力几乎为零，因为主播卖的不是假货，确实是品牌商制造的产品，甚至还是按照价格体系进的货，只是没有严格按照终端零售指导价进行销售。

实际上，很多主播在这样做的时候，也没有提前预告。只是在一场直播中，随机上架了某个产品。如果直播间在线粉丝很多，这些产品可能在几十秒内就被抢光，然后产品就下架了，厂商很难对此进行监控，也很难预防，因为等到发现的时候，产品可能已经卖完了。

宗庆后先生的意思是，主播这种肆意乱价的行为对原有的经销体系是一种干扰，会让很多经销商产生怨言，误以为品牌商给了主播特权或低价。这些怨言和怨气最终都会传到品牌商那里，实际上，品牌商也是有苦难言。主播帮你卖产品，帮你提高知名度，自己还赔了钱，虽然这种行为破坏了你的经销网络体系内的和谐，但是你却无可奈何，无从指责。

## 3.5.3　格力电器的董明珠这样说

格力电器的董明珠，她的观点包含两方面的内容。

一方面，她看到利润在下滑，她说："现在直播产生的销量特别大，但是也快把我们制造商的利润空间全都挤压了。这样我们就没法投入更多的资金去进行研发和技术创新了。"董明珠呼吁："线上在盈利的同时，更要保护制造企业的利润。"另一方面，董明珠也愿意拥抱这个新时代，这体现了她开放、开明的一面。她自己也亲自在直播中带货了，她直播 8 场，销售额约 340 亿元，这一业绩被传为佳话。

格力电器是大企业，如果只靠她亲自卖货，显然是不合理的，而且很危险。实际上，董明珠这样做是为了做个示范，她希望格力电器的三万多家专卖店都能够看到未来的发展趋势，即消费者现在已经习惯通过网络来接收产品信息了，不愿意到实体店里去购物了，专卖店如果要持续发展，就要与时俱进。

之前，虽然董明珠逢会必讲"要做线上"，但是收效甚微，大家都是只点头，不行动。

于是董明珠连续直播8场，就是希望通过亲身示范，把三万多家专卖店全部激活。让它们受到刺激并且看到希望，转型拥抱线上销售方式，有条件的话可以自己进行直播。

其实不难想象，如果几万家专卖店同时进军线上，其直播的内容会十分丰富，品牌曝光量将是巨大的。到时候，无论在哪个平台上，都能找到格力电器的代理商。这对于传统品牌来说，无疑增加了产品和消费者接触的机会，对品牌的美誉度和知名度的提高都能起到巨大的推动作用。

当然这是一种理想的状态，要想真正转型是非常困难的，因为每个人都有自己的思维惯性，他们或许未必喜欢，或者即使喜欢，也未必愿意亲身实践。

实际上很多传统品牌都面临相似的问题，董明珠只是开了一个很好的先例。时代的发展就是这样，不适应时代发展的终将被淘汰。谁能超越自己，顺应时代的潮流，谁就能生存下来。过去再怎么成功，都不能躺在过去的功劳簿上，而是要面向未来。

## 3.5.4　传统企业家的话语权正让位给头部主播

俗话说，风水轮流转。

以前传统品牌在市场竞争中很强势，其背后的企业家更是受到人们的尊敬和崇拜。

现在我们发现，一些头部主播的风头已经逐步超过了传统品牌和企业家，这也是时代发展造就的一种结果。

企业家风光的时代已经过去，大主播风光的时代已经到来。以前是卖方市场，现在是买方市场，中国制造商生产的产品，在绝大多数类目下已经供过于求了。

在生产过剩的大环境下，价格必然下降，卖家都不可避免地陷入价格战，利润自然也会被进一步压缩。

实际上这些知名企业家和他们的企业也都享受过主角光环，需求旺盛，供不应求，利润丰厚，可惜那个时代过去了。一个企业如一个人，既要能经得住繁荣，也要能承受住冷落。

另外，品牌商与经销商之间的博弈从未停止，到底谁势强，就看谁更有实力。如果你的产品好，品牌的美誉度高，影响力大，那你的品牌自然就具备议价能力，经销商也就争着抢着卖你的产品。这个时候，经销商处在弱势地位，品牌处在势强地位。

反过来，如果经销商一家独大，比如某个头部主播带货能力特别强，一次带货产生的销量就比其他经销商一年的销量还多，那么他就能一跃成为超级经销商。他以实力夺取了合作的话语权，也抢占了原本属于品牌商的主角光环。

前面我们提到了三位知名的企业家对直播的看法，我们看到更多的是抱怨，因为无力改变现状，只能积极拥抱未来。

谁强势，谁的利润空间就大。当年这些传统品牌强势的时候，也是利润最大的时候，现在其从强势的一方变成弱势的一方，利润空间也进一步被蚕食、挤压。

其实，这对于大品牌来说影响较小，毕竟还有品牌溢价带来的利润。其担忧的是，自己的经销体系是否会被这场变革瓦解。如果旧的经销体系被瓦解了，一定会有新的经销体系建立起来。在新的体系下，谁更有话语权，还是个未知数。

对于很多中小品牌来说，与大主播相比，自己处在弱势地位，所以很多中小品牌不敢找大主播带货。除了在协议中标明的价格，他们甚至会在直播间当着粉丝的面跟你讨价还价。即便价格本就已经压到了不能再低的程度，有时候主播还会要求品牌商提供赠品。

之前有过这样一件事，辛巴和华为荣耀手机合作，辛巴在直播间为粉丝寻求福利，临时要求供应商多赠一款耳机，供应商没有答应，辛巴便号召粉丝退货，闹得很不愉快。后来，品牌商没有让步，辛巴又为此事道了歉，这很大程度上是因为华为是非常有实力的。如果是没有实力的中小品牌，那么在这场博弈中大概率是中小品牌认输。

我们也就能够理解，为什么很多品牌宁可自己上阵直播，或者找别人代运营，也不敢找大主播带货，因为卖得越多，可能赔得越多。特别是知名度小的品牌，本身利润空间就小，也没有议价空间。而大主播动不动就要求打五折，比电商的大促（如双十一或 6·18）力度还大。对于很多正品来说，现在市场的竞争本就到了白热化阶段，根本就没有那么大的利润空间再去折腾。而大主播又特别擅长卖货，销量往往特别大。如果中小品牌实力不足，大主播为其带货一次，中小品牌就会破产。

## 3.6　头部主播运营直播基地和工厂前景如何

有些头部主播，除了运营自己的严选基地，也开始试水工厂了，他们做这些事情的前景如何呢？

答案是：也许行，也许不行。

我们来分别分析一下行的理由及不行的理由。

如果认为行，就是前景好，背后的理由就是粉丝多，信任度高。粉丝对主播的喜欢是不理性的，只要是这个主播卖的产品，粉丝就不经大脑思考，完全跟着感觉下单。在这种情况下，头部主播运营工厂前景是不错的，因为产品的销路有保障。

如果认为主播无法运营工厂，那么理由就是粉丝最终也会选择理性消费。

兴趣电商

我们经常会在直播间看到，有些主播在直播的时候，会直接拿出另外一部手机，打开第三方电商平台上的产品详情页，告诉粉丝这是同样的产品，在其他平台上卖多少钱，并且把价格展示给大家看，有图有真相。再告诉粉丝自己的产品卖多少钱，比别人便宜了多少钱。

由于产品都是明码标价，粉丝也可以立即查看，所以只要一对比，就能看出这个主播卖的产品确实很便宜，然后就在这个主播这里买。

性价比是对比出来的。现在你自己有工厂了，你自己的工厂就是产品源头，产品是你自己生产的，你要跟谁对比呢？

你再跟别人对比，那就属于不同的产品了，不同的产品就意味着不同的质量，价格不一样也很正常，理性的粉丝或许就要货比三家，因为这个时候的性价比很难直接体现出来。

我们强调过，大主播的核心价值是性价比，其销量是从同款产品的其他经销商那里抢过来的。但如果你是源头工厂，这种优势就体现不出来了。

即便你以出厂价卖产品，但是因为没有对比，也就体现不出它是否具备高性价比。有时候消费者买的不是便宜的产品，而是占便宜的感觉。所以判断主播运营工厂前景如何，要看粉丝中是理性的人多还是感性的人多。

其实每个人都有理性的时候，也有感性的时候。即便他是理性的人，长期跟着某个主播购物，慢慢也会形成一种习惯，对主播十分信任，也会变得很感性。而这样的群体是很庞大的，完全能够养活头部主播的团队及其背后的工厂。

基于以上分析，我们认为头部主播运营直播基地、工厂，如果产品质量没问题，有专业的人员进行管理和生产，把质量把控好，还是可以做的。

其实我们对头部主播运营工厂的前景不担心，反倒是有另外两个方面的担忧。

第一，如果没有工厂，他们可以卖任何工厂的货，可以卖任何类目的货。有了自己的工厂，反倒是一种羁绊。

第二，制造业发展到今天，已步入产品过剩的时代，整个行业的利润都很微薄，而这些头部主播抢占的是利润最丰厚的环节。在这种情况下，头部主播再去做又苦又累、利润又低的工厂，这真的是一种明智的选择吗？

# 第四部分

## 兴趣电商该如何做

想要做好兴趣电商，首先我们需要了解兴趣电商的特点。

要了解兴趣电商的特点，可以对比以前的搜索电商、社交电商，看一下它们之间有什么相同的地方，又有什么不同的地方，然后我们才可能找到兴趣电商真正的做法。

兴趣电商分为三部分：短视频、直播带货和电商变现。传统电商只擅长电商变现，其需要弥补短视频和直播带货的短板。本部分内容先将兴趣电商与传统电商做对比，介绍双方的特点，然后再介绍短视频、直播带货的具体做法。先从最容易的入手，打好基本功，再逐渐增加难度，一步步增强电商变现的能力。

## 4.1 搜索电商之淘系卖家转型兴趣电商

### 4.1.1 开店流程的异同

淘宝是搜索电商的代表,天猫、京东也都属于搜索电商。最近一两年,很多搜索电商的卖家都开了抖音小店。

在本书的第一部分和第二部分,一些案例中的卖家一边经营着原来的搜索电商,一边也在开始尝试新的兴趣电商,不过,成功的案例还比较少。

我们先来看一下他们是如何尝试的,然后分析一下他们的成功率为什么这么低。

很多卖家还在用淘宝的思维开抖音小店。他们觉得只是增加了一个平台,在这个新平台上多开一个网店而已,运营模式和以前没什么不同。他们中的很多卖家都同时开了多个淘宝店或天猫店，店铺比较多的形成了店群矩阵，现在多开几个抖音小店，只是把抖音小店添加到店群矩阵里而已。这种错误的认知十分致命，导致他们中的大部分人的抖音小店虽然开起来了，但最终的成功率却很低。

其实抖音开店的流程与淘宝大同小异，也是先注册，然后实名认证，接着选择类目，交保证金，然后抖音小店就开通了。开通之后，卖家就可以上传产品，产品上传成功之后，就可以进行正常的交易。客户拍下产品、付款之后，卖家根据订单信息给客户发货，客户收到货之后进行确认，卖家就可以收到钱了，然后客户再对卖家的产品和服务进行评价。这就是抖音小店的开店流程，与淘宝大同小异。

虽然平台不同，后台界面也有所不同，但大体流程是一样的。只需要简单熟悉一下，就能上手了。

## 4.1.2　运营环节的异同

接下来就进入运营环节。

运营环节主要是解决如何把产品卖出去，如何把销量做起来的问题。在淘宝，常见的做法也就这么几招，有"破零"的，有做付费推广的，也有参加官方活动的，我们逐个对比一下。

## （一）"破零"和自然流量

一个新产品在淘宝上架之后，需要先累积一些基础流量，即所谓的"破零"。就是让客户认为产品已经有人买过了，销量不再是零了，自己不是第一个"吃螃蟹"的。如果你有之前累积的客户群，那么可以通过让利的办法，让他们先拍下产品，然后把产品寄给他们，最后再把钱返给他们；如果你没有这样的客户群，那么只能找朋友帮忙了。

当然这只针对"破零"的情况，如果这种事做多了就会涉嫌刷单，或者称为补单。在搜索电商里，这一行为会影响产品的排名，也就是说，能够带来一定的流量，但不被法律和平台允许。

当把产品在抖音小店上架之后，有的卖家也想用这种方法"破零"。可是当他们用以前在淘宝上用过的方法时，却发现几乎没什么效果。有时候偶尔产生一些订单，也无法判断与补单是否有关系。

因为抖音的产品入口是短视频，而不是搜索框，其产品并不是通过搜索呈现的。因此，这个看似在淘宝上行得通的方法，在抖音上行不通。

## （二）付费推广

在本书的第一部分，我们看到有些商家擅长使用付费方式推广产品。所谓付费推广就是在正常的产品排序下，通过花钱进行"插队"或"加塞"，使自己的产品排在前面，让消费者提前看到，为自己的产品带来流量，进而提升销量。在淘宝，商家常常利用直通车、钻展、超级推荐等付费的方式进行推广。

现在这些商家在抖音上开了小店。抖音有自己的一套付费推广系统，不再有直通车、钻展、超级推荐等，取而代之的是 DOU+、放心推、巨量千川、巨量引擎等。

在淘宝上，推广是以产品为中心的，只要图片有吸引力，标题能够激发用户的点击欲望，就能带来流量。在抖音上，能够推广产品的就是短视频和直播间。我们在这里特别说一下短视频，如果你的短视频能优先被用户看到，也能勾起他们看下去的兴趣，那么购买产品就是迟早的事了；如果推荐的是他们不感兴趣的短视频，比如他们一看就知道是广告，那么他们压根儿不会继续看下去，更不会购买。

这就是兴趣电商和搜索电商的不同之处。在搜索电商里，用户就是奔着某个产品来的，关于这个产品的任何信息，不管是图片、文字还是视频，对其来说都是有用的信息，都可能影响其决定。但在兴趣电商里，用户只喜欢看自己感兴趣的内容，如果突然蹦出一条他不感兴趣的产品信息，就可能被认定为骚扰广告，他根本不会看。所以这样的短视频的完播率和转化率就比较低。

我们在第一部分讲过一位名叫海洋的人的案例。海洋的做法就是每天专门花大量的时间寻找那些优质的短视频，这些短视频的平台推荐量比较大。找到这样的短视频之后，海洋会安排自己的团队去借鉴和学习其创作手法。这样做出来的短视频点赞率高，完播率高，评论量大，符合平台的推荐算法。而且很重要的一点是，这样的短视频本身就能够激发用户的购买行为。

但是淘宝上的大部分卖家，到了抖音平台后，还保留着原来的做法，他们会把原来拍好的产品视频直接拿过来，然后投钱进行推广。刚刚我们说到，这种短视频并不是用户感兴趣的内容，不需要该产品的用户会觉得这是广告。他们不会看或者不会看完，更不会点赞和评论，因此系统推荐量就特别少，也就是说没有自然流量。最终，卖家花了很多钱，产品也没有转化，这就类似我们在第一部分讲到的飞哥的案例，每次花几十万元，投入的广告成本根本收不回来。

利用同样的做法，在淘宝是能够赚到钱的，因为在淘宝，用户就是通过搜索来寻找产品的。你把产品视频提供给用户看，是为了增强其购买欲，所以能够促进转化，因为这本来就是用户正在寻找的内容。

但是在抖音，用户之所以看到你的短视频广告，是因为你花钱做了推广，强制让用户看到。你的短视频内容用户不一定感兴趣，你推荐的产品也不一定是用户的刚需，所以不容易转化。

（三）靠活动增加销量

在淘宝上，类似聚划算、淘抢购等各种各样的官方活动比较多。而在抖音小店里，这方面的工具还不是很完善，所以，商家还没有办法靠官方活动增加销量。或许在不久的将来，抖音小店也会增加很多官方活动。

（四）寻找外部推广力量

在淘宝上，淘宝客可以帮你推广产品，把流量输送到你的店铺，产生销量之后，你给淘宝客分发佣金。

在抖音上也有很多人可以帮你做推广，但他们擅长做短视频内容或者直播带货，所以说，从搜索电商转型到抖音平台做兴趣电商，需要全面转变思维方式。比如利用达人帮你带货，找对了达人，也许销量就起来了。但如果你还在依靠刷单或者其他付费的方式做宣传，那么就可能会赔很多钱，生意也做不起来。

所谓的转型其实就是转变思维方式，要对兴趣电商有深刻的理解，进而为整个团队注入全新的兴趣电商的"基因"，形成新的战略战术，才有可能转型成功。

## 4.2 社交电商之拼多多卖家转型兴趣电商

除了搜索电商这个标签，拼多多更应被归为社交电商。拼多多的底层逻辑与淘宝又有所不同，我们可以用两个关键词来概括拼多多的底层逻辑：低价、拼团。也就是说，只要价格低，在拼多多上一定会有销量，这一点在淘宝上都不一定能实现。在拼多多上之所以能做到，是因为平台支持你的行为。如果你能不赚钱、少赚钱甚至愿意赔点钱，拼多多更是欢迎，在拼多多上，低价就是王道。

很多拼多多商家转到抖音开小店，到了运营环节，问题就来了：在拼多多中的策略在抖音上行不通了。产品价格再低，别人也看不见，平台也不会推荐，更不会主动把你的产品匹配给有需求的人。换句话说，产品价格再低，只要没有吸引眼球的内容，就无法被人知道，因为所有的产品都是隐藏在短视频后面的。

抖音上的关键词是带货，"带"就是"顺带"的意思，在娱乐大众的同时，顺带销售其需要的东西。由此可见主角自然是短视频和直播内容，产品只是配角。

而在搜索电商平台里，不管是淘宝还是拼多多，产品都是主角，从产品在这些平台上的昵称——"宝贝"就能确定产品名副其实的主角地位。但是在抖音小店里，产品不再是主角了，只是来客串的配角。

再说拼团模式，抖音小店现在根本不支持该模式，但也许未来会支持。其实传统的电商人都已经习惯了被动接单，不擅长主动出击，这点从客服的工作就能体现。有人咨询，客服进行回复，没人咨询，客服也不知道该为谁服务，所以客服大部分的工作行为是被动的，也就是说，搜索电商在成交环节其实是很被动的。

到了兴趣电商中，你就需要主动出击了。你得做出带货的动作，而不是在产品上架后干等着。你必须做出既与产品相关又能勾人兴趣的短视频，或者在直播间声情并茂地吆喝，用有趣的内容吸引用户的注意力，带动产品的销售，否则你的产品可能无人问津。

传统的电商人习惯了被动接单，没有做内容的觉悟，也根本不知道要做什么内容，即使耗费心力做出来了，用户也不一定会感兴趣。传统的电商人只对自己的产品熟悉，拍短视频在他们看来，就是拍产品或者拍广告，换言之，就是展示产品。如果用付费的方式推广这样的视频，效果可想而知，这就好比我们看电视剧时看到广告会不由自主地换台，用户对内容不感兴趣，完播率都不能保障，更别提转化率了。

所以，不管是从淘宝还是从拼多多转到抖音的商家，能不能成功，都取决于其思维方式能不能转变，能不能在运营过程中注入兴趣电商的"基因"，能不能按照兴趣电商的玩法适应新的平台。

如果把这些传统电商人比喻成"步兵",把兴趣电商人比喻成"骑兵",那么短视频和直播等工具就是"战马"。如果这些传统的电商人骑在"战马"上,却还只沿用"步兵"的战术,没有变成真正的"骑兵",那么他们的战斗力、攻击力就永远追不上真正的"骑兵"。

## 4.3 兴趣电商兼顾兴趣和变现

### 4.3.1 搜索电商似赶集，兴趣电商像逛街

搜索电商似赶集，兴趣电商像逛街，这是笔者对兴趣电商的认知。我们没办法为兴趣电商精准定义，毕竟这个概念是刚提出来的，还有待进一步实践和探索。于是，我们通过类比的方式找了搜索电商这个参照物，用来加深理解。

所谓赶集，一个"赶"字，就说明了问题：有明确的需求，甚至已经列好了清单，有指定的目的地，也有定向、定量的采购需求，说白了，就是奔着购物去的。

如果去实体店购物，你需要知道哪些商店里有你需要的产品；如果在手机上购物，你需要知道去哪个平台、用什么关键字，才能把你想要购买的目标产品搜出来。

所以说，赶集是目标明确、需求强烈的纯购物行为。在搜索电商平台里，面对这么强烈的需求，我们只需要让用户第一时间看到我们的产品，并了解产品的优势，我们就能把产品卖出去。

但是在兴趣电商平台上，如抖音，很多时候人们并不是为了购物而进入，而是为了打发时间，或者看看自己感兴趣的内容。我们都有过这种体验，一条一条刷短视频，看到不喜欢的就跳过，刷到自己感兴趣的能乐半天，这是在满足自己的精神需求。当然，也可能在看到某一个内容后，引起了共鸣，意识到自己其实也需要该产品，顺带就买了。这就非常像女人逛街，女人在逛街的时候，很多时候并不一定要买什么，而是享受逛的过程，体会充实感，还有走过、看过、试过的乐趣。说到底，女人逛街没有明确的目标，只为逛而逛。但这种看似没有目的的闲逛，结果同样也可能收获颇丰，买了一大堆用得着的、用不着的东西。谁让她们一不小心碰上了妙语连珠的导购员了呢！兴趣电商也是这样的道理，刷抖音之前，用户也许有一种不明确的需求，因为刷到了某个短视频，或者遇到了某个与其产生心灵共振的主播，就被激发了购买某个产品的欲望。

所以，要想做好兴趣电商，首先就要学会捕捉用户的兴趣，抓住某个兴趣点，不遗余力地精耕细作。

如果还用过去传统的方式做兴趣电商，那么多半会到处碰壁。你以为现在胖人多，而自己碰巧是形体教练，于是逢人就说自己作为教练有多么厉害，对方就会报名你的减肥健身课吗？事实上，对方说不定并不觉得自己很胖，还会觉得你很烦。所以，在没有抓住用户的兴趣之前，在没有找准能迅速激发用户需求的切入点之前，你是不能提产品的。否则，你就会陷入推销之流，你推荐的内容在用户看来就是广告甚至是骚扰信息。

通过对比搜索电商和兴趣电商，我们对兴趣电商也有了更深入、深刻的了解和认识，即不要再以自己为中心，而要以产品为中心。首先要做的是满足别人浓浓的"八卦心"，勾起别人对你持续关注的兴趣。其次要敢于给别人找乐子、混脸熟，但千万别太直接，要知道，粉丝是需要用心经营的。

## 4.3.2 以生态思维对待兴趣电商

一个有使命感的企业家，会把自己的企业与国家的号召"绑"在一起，站在国家的高度经营自己的事业。这样的企业多半能做大，企业家想国家之所想，就能够得到国家各项政策的大力支持，事半功倍。

同样，在别人的平台上做生意，你也要站在平台的角度来思考问题，与平台的步调保持一致，才能得到平台的支持。

抖音的人气那么高，还依然要发展抖音电商，其目标就是使自己的平台最终拥有一个能够自我运转的生态，这样才能够长久。作为抖音电商人，我们也要有抖音的生态思维：商家发布用户感兴趣的内容——吸引越来越多的用户刷抖音——刷抖音的用户为感兴趣的内容买单——商家实现内容变现后持续发布用户感兴趣的内容，循环往复。这其实就是各取所需，和谐共存，逐渐形成一条生态链。

如果没有这样的生态链，发布内容的人最终一无所获，那么他多半坚持不了太久。从这个角度来考虑，抖音发展电商实际上是为了给创作者提供一种变现的方式，帮助创作者赚钱。只有这样，他们才会有持续的动力去创作更多、更好的用户感兴趣的内容。

站在商家的角度，我们需要两者兼顾，一方面提供用户喜欢看、感兴趣的内容，另一方面准备好产品或服务，进行变现。

在前几节我们介绍过，从传统电商平台上转型过来的这些商家，拿手的技能就是变现，因为他们有产品，拿过来就能出售，但他们还不太擅长做内容，还没有完全转变思维。他们只是做好了变现的准备，还不具备创作用户感兴趣的内容的能力，虽然只有一步之遥，但也许是永远跨不过去的鸿沟。

最终能做好兴趣电商的人，一定是那些敢于弥补自己短板的人。

我们分别来看两种人。

第一种就是已经有产品的商人，这里包含了从线下刚接触电商的新人和已经在其他平台上做电商的人，他们需要学会做内容，特别是用户感兴趣的内容。

第二种是自媒体人。自媒体群体非常庞大，他们知道用户对什么内容感兴趣，他们专门生产这样的内容。

最好的方式就是，电商人向自媒体人学习内容创作，引流、"吸粉"；自媒体人向电商人学习卖货，拓宽变现通道。

最近几年，自媒体得到了极大的发展，从早期的博客到后来的微博，再到今日头条、百度百家、趣头条等，各大平台都推出了自媒体平台。在自媒体平台上有一大批创作者，他们的盈利模式很简单，大部分来自平台补贴，偶尔也有一些软广收入。创作者有的写文章、制作图文内容，有的做音频，有的拍视频。他们针对新闻或者热点及时跟进，制作内容，平台根据浏览量给他们支付费用。只要用户对内容感兴趣，阅读量或播放量就会特别大，这些自媒体人也能因此赚很多钱。今日头条上的一些名人，其自媒体平台上的播放量一年就能为他们创收上千万元。

而这种能力恰恰是传统电商人所欠缺的。所以，电商人应该向自媒体人学习，创作出用户感兴趣的内容。

对于自媒体人来说，如果他们想要涉足电商，欠缺的恰恰是卖货、变现的能力。他们可以制作出阅读量很大的内容，但是他们不知道卖什么、怎么卖。以往变现全都靠平台补贴，凭借观看量获取收入，一旦账号被限流了，或者被降权了，他们就没有收入了。在很多平台上，有粉丝上百万的大号突然就宣布停更了，其实是因为他们的收入养活不了自己了。可能是平台的流量变少了，也可能是平台补贴的力度变小了。这类自媒体人，就需要向电商人学习，获得卖货、变现的能力。

在抖音上做兴趣电商，最好把这两种人"绑"在一起，或者直接来讲，就是把他们各自具备的能力融合在一起，兼顾兴趣和变现，打组合拳，这样才能在兴趣电商领域生存下去，并且越做越大。

## 4.3.3 兴趣电商模型

兴趣电商是一种生态，同时兼顾了兴趣和变现。从这个思路出发，笔者绘制了兴趣电商的模型图，如图4-1所示。

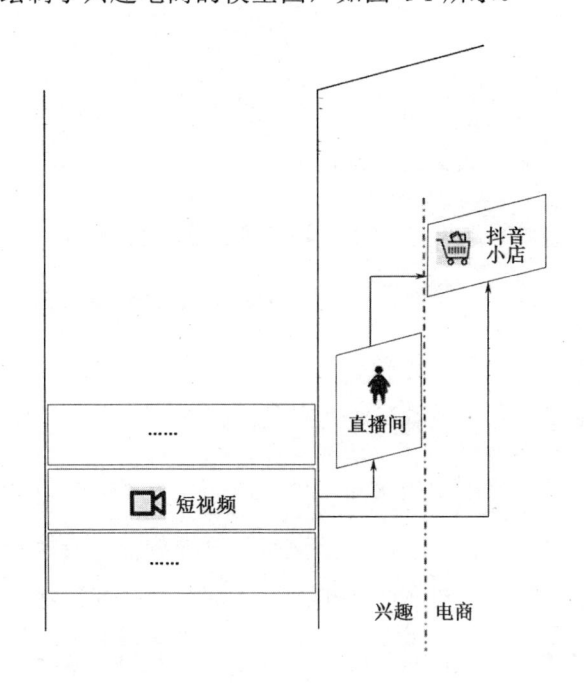

图4-1 兴趣电商的模型图

抖音上的主角就是短视频。抖音是以内容为中心的平台，一个一个短视频构成了信息流。

短视频在最前端，直接与用户接触，属于先锋营，负责"攻城掠地"。而直播间和抖音小店里的产品隐藏在后面，属于主力部队，负责善后、收割成果。

如果你的短视频内容好，就能吸引很多用户进入直播间持续观看，也就是为直播间导流，再通过直播间进入小店，为产品导流。顺着这个流程，用户就直接下单了，由兴趣实现变现。

当然也可以少拐一个弯，由短视频直接往小店里导流，实现变现。

这两种情况都是先激发用户的兴趣，让其产生购买欲望，然后进入小店，直接完成交易、付款。

如果我们用兴趣电商对比传统电商，会发现两个明显的不同点。

（1）在传统电商里，网店里的产品直接展现在用户面前，而在兴趣电商里，产品却移居幕后了。如果没有短视频带路或者直播引导，用户根本就不知道有隐藏的产品，也不知道卖的是什么。

（2）比起传统电商的店铺，抖音小店只是实现了记录订单信息并且付款的功能，推广、销售都交给了短视频或者直播间。在传统电商里，网店既起到引流的作用，又有展现卖点的功能，即要说服用户在这里购买产品。而在兴趣电商里，说服用户的步骤，早已通过短视频和直播间全部完成或大部分完成。用户在进入抖音小店之前，已经对自己要购买的产品有了足够的了解，做出了购买的决定，进入抖音小店只是为了完成付款。

如果你不擅长做短视频或直播，就等于没打通流量通道，那么想在兴趣电商里赚到钱，几乎是不可能的。

## 4.3.4 从兴趣电商模型看头部主播的优势、劣势

头部主播既像一座大山，又像一棵大树。

说他们像大山，是因为我们离着很远就能看见他们，他们的每场直播销售额都有上亿元，所以我们也被吸引了过来。但是这座山太高了，想攀登上去都难，更别提翻越了。

说他们是大树，是因为当我们也准备进军兴趣电商的时候，我们感觉自己离他们很近。但相比之下，我们只是一棵长在树下的小草，小草要想在大树底下成活，确实很难。

这就让我们有了危机意识。既然这座大山是不可逾越的，在大树底下的小草也活不了，那就需要我们找到自己的生存空间，找准自己的定位。因为尺有所短，寸有所长，这些大主播虽然很强，但也并非完全没有弱点。这就需要我们去分析他们的劣势在哪里，他们的优势在哪里。

知彼知己，方能百战不殆。

我们可以从三个维度来分析，分别是产品、直播间和短视频。后两项代表兴趣，第一项代表变现，兴趣与变现是兴趣电商的"两只手"。

（一）注意产品的价格和类别

我们先从产品的角度看大主播的核心价值，即全网最低价。大主播对标的是同一品牌下的其他经销渠道，因为其价格比其他经销渠道低。在用户心目中，这些大主播卖的产品质量相对来说比较好，

对比同品牌、同质量的其他渠道，其价格是全网最低的，这是用户能够直接感知到的核心价值。

从类别上来说，大主播现在售卖的产品类别非常广泛，从日用品到食品，再到3C产品等，只有你想不到的，没有他们不能卖的。但他们卖的产品只能满足粉丝群体的主流需求，对于小部分的边缘需求，他们难以顾及，这就给小商家留下了一定的发展空间。这么多类别的产品，循环播一遍需要很长时间，而且大主播不固定在某个类别上，小商家与这些大主播卖的产品重合度比较低。即使有冲突，次数也不会太多，对小商家也没有太大影响，大不了大主播直播的时候你休息就是了。

另外，在某些需要专业知识的领域，如果你是厂家或者商家，同一产品卖了很多年，那么你的专业度、服务质量一定比这些大主播强。在专业服务领域，大主播没有太多精力深耕。

（二）注意直播间的流量

大主播直播间的流量一部分源于累积的粉丝，这个群体很庞大；一部分源于每次直播时投的很多广告及发的很多福袋和红包。投广告、发福袋和红包都要砸钱。

对于小商家来说，如果你的粉丝群体与大主播的粉丝群体重合度比较低，那么他直播的时候你也可以直播；如果重合度比较高，要尽量避开大主播，这样，大主播对你的影响就能降到最低了。

（三）短视频要以内容取胜

大主播经常发布下次要卖的产品信息，优惠力度大，质量也好，种类也非常新奇。其实这些内容都是广告，因为他们一直都这样做，所以粉丝已经习惯了。最关键的是，这样的广告是粉丝喜欢的，所以推荐量很大。但是，如果普通小商家也这样做，那你的推荐量就不会特别大，一是因为你本身的粉丝很少，二是这类内容属于广告，感兴趣的人少，平台就不会推荐。

所以这也是需要小商家下功夫的地方：避开大主播发布的产品信息和优惠内容，我们完全可以从另一个细分领域或者擅长的角度出发，输出目标客户感兴趣的内容。大家一定要明白一个道理，内容就是用来抢人和抢流量的。只有内容有吸引力，才能把人抢过来。从这个层面上讲，大家都在公平竞争，谁的内容好，谁就能获得流量，而且成本非常低，大主播花钱的效果也不一定比小商家不花钱的好。只要把这一个环节做好，小商家的直播间也会有流量，也可以直接将流量导入小店，实现成交。

所以，小商家要想从事兴趣电商，一定要先找到自己的核心价值，做好短视频的内容。只有这样，才可能与大主播一较高下，甚至胜出。

在短视频制作方面，我们需要由易入难。先借鉴已有的优秀短视频，并把制作短视频当成一种工作常态，熟悉平台的规则，再逐渐增加难度，慢慢开始原创，不断修炼和精进。这是我们战胜大主播的秘密武器，需要从一点一滴开始苦练基本功。

## 4.4 做好短视频,是做好兴趣电商的根本

### 4.4.1 算法驱动的时代:万事万物都被贴上了标签

随着抖音系的崛起,我们已经全面进入了算法驱动的时代,算法驱动时代的最大特点就是万事万物都被贴上了标签。

事物被贴上标签,我们比较容易理解;让人难以理解的是,人也被贴上了各种各样的标签。尤其令人头疼的是,人的行为、动作也都被贴上了标签。所以说,这是一个标签化的时代。要想深入理解这一点,我们需要回顾一下互联网的发展历史。

互联网刚兴起的时候,大家上网是为了寻找信息,那个时候网络中的主角是网站。人们为了方便去自己喜欢的网站上"冲浪",会把一些网站收集起来。

于是，类似 hao123 这样的导航网站诞生了。一开始，人们对该网站需求很大，所以流量也非常大。其把大家常用的网址集中在一起，展示在主页，你想去哪个网站，只要打开主页，点击一下就可以了，非常方便。这就是网址导航的时代。

后来到了搜索时代，百度、Google 等成为主角。如果你想收集某一方面的信息，那么利用搜索工具，输入关键词，你想要的相关信息就会一条条罗列出来，供你筛选。这标志着信息分类时代的到来。我们处处都能看到被分类的内容：军事的、财经的、生活的、科技的，原本碎片化的海量信息被归为各种不同的类别。

现在，我们进入了算法驱动的时代。只要你和某个网站或者 App 有过交互，如访问、点击，系统就会记录下来，你的行为习惯就会被贴上相应的标签。系统记录着你是一个什么样的人，对什么内容感兴趣，看了多长时间，有没有看完，有没有点赞，有没有评论，然后将这些信息放到大数据库里，作为给你贴标签的依据。

创作者发布的文章也会被贴上标签。这篇文章被什么类型的人看过？什么类型的人喜欢看？视频也是如此。这样的信息日积月累，就会慢慢形成大数据，系统通过统计就能知道拥有某种标签的人喜欢什么，然后我们再从内容库里根据标签调出相应的内容，推荐给他。

所以，这是一种大家先被贴上标签，然后相互匹配的过程。

在算法驱动的时代，人们或多或少有些被动。你还没意识到自己喜欢什么内容，系统就已经计算出来，并把符合你喜好的相关内容推荐给你了。

如果系统推荐的内容你没有点开,那么这些内容也会被系统贴上"你不喜欢"的标签,以后系统就不再给你推荐此类内容了。

从信息和效率的角度看,这是一种很大的进步。有些人很懒,怕动脑筋,他也不是没有兴趣和爱好,而是懒得去想或者根本不知道自己想要什么,这就需要平台给他推荐,即利用算法把信息推到用户面前,并逐步形成一种推荐机制。

事实证明,当用户基数越来越大时,用户留下的行为数据便越来越多,有共同行为的人也越来越多,推荐的信息就越来越精准。这就是为什么我们一打开手机就不由自主"陷"进去,难以自拔,不知不觉几个小时就过去了。

当当网在很久以前就做过这类尝试。在你买了一本书之后,当当网还会进行推荐:买过这本书的人还买了哪些书。这就是基于你们可能是一类人的推测,可能你们有共同的爱好,相似的职业,那些人买了的书,你也有可能购买。事实证明,这种推荐也是比较有效的。因为如果没有这样的推荐,你根本不知道自己后续会需要什么,也不知道有这样一本书存在。当当网借助这种有效的推荐提升了销量。

后来,淘宝基于算法驱动,开发出"猜你喜欢"功能,就是根据用户以往购物的大数据推算出哪一类人对哪一类产品感兴趣,然后进行针对性推荐。

算法驱动的广泛应用,让用户的需求不再完全依靠搜索来满足。抖音系利用算法驱动抢占了用户市场,其推送的内容,用户非常感兴趣,所以用户黏性非常高。

正是因为有了算法驱动，抖音系产品的用户越来越多，而且一旦使用，基本上就难以自拔。所以，未来抖音系的用户数量和企业规模不可估量。

## 4.4.2　推荐算法：如何从小流量池推荐到大流量池

创作者最关心的是自己作品的推荐量。推荐量大意味着流量大，流量大意味着很容易转换成商业利益，也就是能赚钱，这关系到创作者的切身利益。

想要了解推荐量，我们需要先了解一些基本术语。

（1）信息流。

我们在手机 App 上寻找信息，不管是在抖音上，还是在百度上，都是一条一条刷下去。有时候是图文信息，有时候是视频信息，每一屏可能有十几条信息，一屏刷完，就再刷下一屏，系统会持续给你推荐几十、几百甚至上千条信息，这些信息就组成了信息流。

之所以称它为信息流，是因为它是源源不断的。系统每次推荐的内容都不一样，会根据你的喜好立即计算、重新推荐，就像水流碰到障碍物时会调整流动方向，所以我们感觉到信息是流动的，也是无穷无尽的。

知道信息流的概念有什么用呢？

事实上，所有你制作的内容最后都会变成一条条信息。不管是图文的、还是视频的，不管是娱乐的、还是产品的，在大数据里，最关键的就是它会被贴上什么样的标签，会和哪些人进行匹配。只要标签匹配，系统都会推荐，不管它是不是产品。

我们为什么要提产品呢？因为对于不需要产品的人来说，产品信息就是广告，而广告是大家不喜欢甚至排斥的，但这在信息流中不会被区分。

（2）流量池。

创作者发布的内容，实际上他也不知道会被谁喜欢。但是平台的算法驱动程序会通过计算，找出喜欢他的内容的人，把内容推荐给这些人。

系统是怎么知道哪些人喜欢某些内容的呢？这实际上是一个逐渐尝试和定位精细化的过程，定位精细化就是精准匹配。

一则内容在刚开始发布的时候也没有标签，但是发布它的账号是有标签的，也有相匹配的用户群，系统会尝试把这则内容匹配给这些用户，看他们喜不喜欢。如果用户喜欢，会点进来看，可能会看完；如果用户很喜欢，就会用点赞来表示；如果用户十分喜欢这个话题，可能会参与评论。这些数据最后都会反馈给系统，系统也会根据反馈信息给这则内容贴上标签，然后再进行推荐。循环往复，这则内容被贴上的标签越来越多，能与之匹配的用户群体也越来越大，这则内容开始从原来的小流量池（500人），进入下一个更大一些的流量池（2000人），范围越大，被贴上的标签就越多。同时根据反馈数据，如果用户很喜欢，那么就再往更大的流量池里推荐。

所以一则内容被推荐多少次是逐渐尝试和定位精细化的结果。如果系统推荐了，却没有人点开，系统慢慢就不会再推荐了，如果有人点开，但是没有人参与讨论，反馈数据不佳，那么就走不出500人的流量池。在算法看来，将这则内容推荐到更大的流量池也没有意义，是在浪费机会，所以就不进行推荐。

（3）推荐量不等于流量，流量也不等于精准流量。

我们注意到，有时候作品推荐量很少，有时候虽然推荐量很大，但实际阅读量却很少，这都说明我们要进一步优化作品。这就是标签已经匹配上了，平台也开始推荐了，内容确实是用户感兴趣的，但可能因为标题或主图做得还不够好，所以用户没有点进去的欲望，这就导致作品推荐量大、但实际的阅读量很少，推荐量并没有成功转化为流量。

关于平台的算法驱动，我们只能简单介绍一些基本原理，实际的影响因素远不止这些，这属于企业的核心机密，不可能随意被掌握。而且随着算法不断被"破解"，平台的算法规律也在不断调整，因为一旦被别人掌握，就会有人作弊，这对平台来说非常危险。

一旦有创作者作弊，平台一定会充斥大量的劣质内容，而这些劣质内容是用户不感兴趣的。长此以往，用户看不到自己喜欢的内容，就会抛弃平台，这对于平台来说是不可承受的灭顶之灾。

所以，我们只需了解一些基础规则，掌握这些基础规则所代表的意义，与平台的发展宗旨保持同步。然后创作更好的内容，并不断优化，以达成获得流量的目的。

### 4.4.3 如何平衡爱好很广泛与账号要垂直的矛盾

很多人成为创作者都是从内容消费者开始的，就是用今日头条或抖音的时间久了，突然有个想法，也要创作内容。至于创作的目的，有的人是因为看别人赚钱了，自己也想通过创作赚钱；有的人没想着赚钱，只是为了展现自己。

但内容消费者与创作者是完全不同的两种身份。

作为内容消费者，平台的算法驱动程序会逐渐记录你的行为并进行学习，为你的账号贴上不同的标签，然后给你推荐你喜欢看的内容。如果你的爱好非常广泛，那么你这个账号被贴上的标签就会非常多。可一旦你突然转换身份，变成一个创作者，还用这个账号发布内容，平台就会很茫然，不知道你发的内容属于什么类型，也不知道该把你的内容推荐给谁，所以它只能进行尝试。假如你有50个标签，平台就会把小流量池的500人的推荐量平均分给50个标签背后的用户，然后根据反馈数据，逐渐给你的内容贴上标签。但由于一开始推荐的时候标签太分散，所以反馈的数据也不会很好，很多创作者都很难熬过创作的第一阶段。创作者抱着很大的热情创作，却发现系统的推荐量特别小，一直都在500~1000人的流量池里，一个月下来，其热情就会被磨灭。

而对一个纯粹的创作者来说，如果你的账号只有一个标签，你发布的内容就会被优先匹配给拥有这个标签的用户，你这个账号的用户就会很精准。

所以有经验的人，可能会重新注册一个账号，也就是先"养"自己的账号，让平台给账号贴标签，而且贴尽量少的标签。在你没发布内容之前，你要告诉平台你喜欢看哪些方面的内容，将来在你发布与此相关的内容时，平台就很容易将其匹配、推荐给相应的用户。具体的做法是先从搜索开始，把你喜欢的内容或同行的相关内容搜索出来，边观看边互动，比如点赞、转发、评论，目的就是告诉平台，这是你喜欢看的内容。然后平台就会根据这些内容的标签，反过来给你的账号贴上同样的标签。当你一直看某方面内容的时候，平台就会一直给你推荐这方面的内容。当你每次打开抖音看到的都是某一个细分领域的内容的时候，你的账号就变得垂直了，这时你就可以发布内容了。这样发布内容，平台的推荐就会更精准。如果内容质量好，反馈数据好，平台就会把你的内容不断放到更大的流量池里，推荐量也就越来越大。热门短视频的形成都是基于这种原理。

通常用这种方式发布内容，驱动算法也会把它推荐给贴有这个标签的其他账号，也就是推荐给与你喜好相同的人，既然你喜欢看这样的内容，你发布的内容，你的"同类"应该也喜欢。

其实我们每个人的兴趣都是很广泛的。作为一个内容消费者，你的爱好可以广泛，可以使用一个消费者账号看任何你喜欢的内容。但是作为一个创作者，要尽量让你的账号保持垂直，只看某个领域的内容，这样推荐量才会越来越大，你的内容才会拥有更多的流量，产生更大的商业价值。

如果你确实只想用一个账号，既随心所欲地消费内容，又发布内容获取高流量，那就要打造自己的IP。打造个人IP，这里我们只强调一点，那就是要让你的粉丝记住你的脸，记住你的名字，记住你的声音，最终让他只认你这个人，换个人就不行。只要是你发布的内容，他都感兴趣，他就是奔着你这个人来的，这就是你的个人IP。这种账号一般需要"养"很长时间，让用户持续增长并且变成铁杆粉丝，从认可你的内容升华到认可你本人，这时你就可以随心所欲地发布内容了。既可以是军事的，又可以是科技的，既也可以是财经的，又可以是育儿的。因为粉丝喜欢你，也就可以包容你的很多爱好。

即便平台把你的内容推荐给新用户，你也能用你的内容吸引新用户，然后让他认可你这个人，并关注你的账号，成为你的粉丝。这就是一个滚雪球的过程，能让你的影响力越来越大，粉丝数量越来越多。最后，哪怕平台的推荐量不多，你的粉丝照样会持续增长。所以，如果你的兴趣爱好很广泛，你又只想"养"一个账号，那么最好的办法就是打造你的个人IP，频繁露脸。笔者很喜欢互联网专家郑俊雅的一句话："天大地大，你的脸最大。"其实，不讨好粉丝，随心所欲地创作内容，不受束缚，创作起来才更有乐趣。

### 4.4.4 你计算过每个短视频的成本吗

兴趣电商的模型告诉我们，要把兴趣电商做好，有三件事情要做。这三件事情，都是相对独立的，需要由专门的小团队完成。

产品需要由懂产品的团队来操作，直播需要由专业的团队来运营，短视频同样需要由专业团队来制作。专业的人持续做专业的事，才能达到期望的效果，并坚持下去。

下面我们先来介绍短视频制作。

在兴趣电商模型里，短视频的作用就是获得最大的推荐量，吸引更多粉丝，为直播间或小店带来更多流量。

但是，要想做出优质的内容并不容易，更不用说天天都输出优质内容了。因为养成一个号，不能只靠一个短视频，而要持续满足用户的需求，否则就很容易被淘汰。

制作优质内容并没有想象中那么容易，它是一个团队殚精竭虑、辛勤劳动的结晶。

我们需要了解一个短视频的制作成本，并最终决定如何把它做出来。拍视频，可以简单到拿起手机就拍，也可以复杂到需要很多人参演，需要很多后勤人员提供支持。就像电影、电视剧或者某些电视台的节目一样，需要很多人花费很长时间才能完成。

钱少，有钱少的办法；钱多，也有钱多的大制作。就像我们经常看到一部电影、电视剧动辄上亿元制作成本，就是这个道理。

短视频的成本主要有时间成本与资金成本。

我们以制作一个真人露脸的短视频为例，来介绍一下短视频的制作成本。

要计算成本，首先要了解整个拍摄、制作过程中需要做哪些事。

1. 短视频内容的创意构思、文案撰写。

2. 确定演员是素颜还是化妆？台词是否提前背会？

3. 拍摄方式是单机位拍摄还是多机位拍摄？

4. 拍摄日程安排半天、一天还是更久？是否需要专门的交通工具？

5. 拍摄环境是在摄影棚还是在室外？如果是在摄影棚，是自建还是临时租用？如果是在室外，气温是否会影响演员的现场发挥？是否有噪音？是否影响收音效果？光线是否适宜？

6. 拍摄中演员的上镜状态好不好？是否因台词过多而需要借助提词器？是一遍过还是需要反复几次？

7. 视频剪辑和后期制作是自己负责还是请专业人员？

以上是最简单的视频制作过程，用户看到的可能只有一分钟左右的成品视频，但构思、拍摄、剪辑可能需要很长时间。其中涉及的各项都需要花钱，除了前期投入的各种设备，还会有物料消耗、人员工资、场地租用等费用。以每天出两个一分钟左右的短视频计算，每个短视频的制作成本大约几百元或上千元。这还是在相对简单、只有一个人上镜的情况下。如果要拍摄两个人，复杂程度就大大增加，成本也随之增加。就好比我们找广告公司拍广告片，对方常常按秒收费，其成本之高，可见一斑。

你做出来的视频有没有人喜欢看？能不能带来足够的流量？都需要进行发布、测试才能知道。至于能不能收回成本，就要看这个视频能不能火起来，而这往往难以预测。

所以，从成本方面来看，没有一定的资金实力，短视频制作很难持久。如果你自己打算从事兴趣电商，笔者不建议你一开始就真人出镜，最好先从借鉴开始，"拍同款"就是个不错的起点。

## 4.4.5　什么时候开始原创和打造IP

做短视频从借鉴开始，其实就是在练基本功。一招一式地练，基本功越扎实，你的兴趣电商大厦就能盖得越高。

然而，有很多人不屑于借鉴，一上来就想要打造自己的IP，这其实陷入了误区。

其实，借鉴与人类的成长过程相似，每一个新生儿都是从模仿开始成长的，学说话、学走路，模仿身边的人。只有模仿到一定程度，拥有一定经验和悟性，有了自己的心得体会，才能去创造。对于一个没有形成自己独特风格，根本不具备原创能力的人来说，哪里有IP可言呢？用户记住你这张脸又有什么用？你本身还没有能力为他人提供价值。

只有当你的价值非常大的时候，你才可以考虑打造自己的IP，突出你与别人的不同。

在自己没有价值或者价值不大的时候，露脸没有太大意义，打造自己的IP也没有太大意义。毕竟打造自己的IP不仅是为了娱乐大众，更是为了变现。假如你不能持续输出内容，用户即便知道你的名字，熟悉你这张脸，也没有多大意义。

如果我们的基本功打扎实了，那么到了一定阶段，你的短视频的推荐量就会非常大，超过百万或千万的时候，它就能为直播间和商品导入更多流量，变现也就水到渠成。这时候，你的价值才真正体现出来，你就可以开始露脸了。

举一个最简单的例子，那些输出知识的短视频的推荐量为何那么大？因为这些知识对学习者来说非常有价值。在他们眼中，知识输出者就是有价值的人，如果你在他们认可你的时候露脸，他们就会因此记住你，那么你露脸就露得有意义。你在输出的短视频里表达自己的观点，也就能影响很多人。也就是到这个时候，你才开始真正进入原创阶段，可以开始打造自己的 IP 了。

这时露脸、打造自己的 IP 对于后续的变现也是非常有意义的。别人记住你的这张脸，以后他们在直播间看到你，你带货的效果一定比他们不熟悉的人好很多。前期的信任基础已经铺垫完成，剩下的就是讲解产品，介绍促销力度，以及确认客户需求，这些决定了最终的销量和转化率。

当然，如果你还想更进一步，你可以把内容做得更复杂。比如可以写剧本，可以拍短剧，让多人联合主演，拍成连续剧等，这也是在持续输出内容，维持粉丝的黏性。

这就要考验你对这样的内容有没有持续输出的能力及恒心，不能热度一过，就偃旗息鼓。

同时，你要考虑你选择的题材观众是否会一直喜欢，同时要考虑你的创作团队能不能保证长期思如泉涌。如果这些都没有问题，那么你就可以开始不断升级你的内容和形式了。

还有一个重要的方面，即优化。在制作短视频和进行投放的时候，我们需要不断优化。要看平台的推荐量，要看用户反馈数据，比如完播率、点赞量、评论量，研究分析后，决定是否增加一些语言技巧，或是否改变内容的呈现方式，又或者是否加入能引发用户互动的段子。随着不断操练，我们的能力会得到提升，内容也会越做越好。

短视频做到这一步，兴趣电商的"发动机"就有了，它可以源源不断地为后续的变现输送大量流量，此时兴趣电商的成功率就已经达到60%了。

## 4.5 直播从零开始精进的步骤

### 4.5.1 好主播需要具备很高的综合素质

淘宝直播刚刚兴起的时候，人们把直播定位为电商的标配。直播虽然必须要有，但不是主角。这就好像我们买一部手机，要配有耳机、充电器、电源线等。谁主？谁次？一目了然。

但后来的发展表明，这种看法有点肤浅，因为直播让电商退回了传统商业的交易状态：眼见为实、面对面交易。

在直播时代到来之前，我们大多有过网购的经验。那时我们关注的都是图文信息及评价。但这些东西都是可以复制的，评价甚至可以造假，所以有时我们拿到的产品，和我们想象中的不一样，甚至和我们在详情页上看到的也不一样。

后来直播兴起。通过直播讲解，我们能更直观地看到产品的真实模样。尤其那些我们信任的主播，对其卖的产品，我们也会十分信任，加上价格也很便宜，我们就更放心了。

慢慢地，淘宝直播从电商店铺的从属地位，逐步升级到主角地位。一大批成长起来的大主播就是最好的证明。

如果没有借助淘宝直播，薇娅、李佳琦或许很难靠一己之力创下惊人的销售额，也很难如此迅速地奠定自己大主播的领头羊地位。

当然，成长比较快的这些大主播，他们的地位不只是用钱堆起来的，如果只是拼钱，比他们有钱的人有很多。他们之所以能迅速成长起来，是因为他们的综合素质非常高。

一个好主播需要具备非常高的综合素质，我们列举其中的一部分。

- 形象。想做一个头部主播，形象首先要过得去，起码不能太难看。

- 声音要甜美或者有磁性，语调不能太生硬，不能让大家听着感觉不舒服。

- 身体要好。要有强健的体魄，旺盛的精力。因为一场直播通常时间很长，主播要不停说话，有时候甚至来不及喝水，没时间吃饭。主播必须保证精力充沛，底气十足，没有一个好身体，根本扛不住。有时候一开播就要播到大半夜，天天如此，这都需要强大的体能支持。

- 有亲和力，让人见了就心生欢喜。有时候用户即便不买，也愿意看直播，觉得主播卖货很好玩，这就是讨喜的人的优势。

- 对金钱要有强烈的欲望。这样的人最适合做销售，无须鞭策，赚更多钱的强烈欲望就会让他们持续保持卖货的热情。

- 有节奏感。主播要能随时调动粉丝的情绪，对粉丝的心态了如指掌，把控卖货节奏。要处处为粉丝着想，为粉丝谋福利，为粉丝省钱，三句话必称粉丝为"家人"，让粉丝心甘情愿掏腰包，买了产品还要夸你贴心。

- 要学识渊博，见识广博，修养高。主播要卖的产品可能覆盖的范围很广，甚至是跨类别的，所以要有相应的知识，知道产品的用途，甚至要消费过、体验过。在修养方面，这里主要是指情绪的自控能力，因为直播间里鱼龙混杂，一不留神，主播便会遭遇攻击，保持淡定，不被情绪左右很重要。如果主播心情不好，不直播了，那么整个团队的损失会非常大。如果与商家签订了合同，收了商家的坑位费，主播不直播，可能还要面临赔偿。

- 口才要好。最好受过专业的销售训练，掌握一定销售技巧。能做到张嘴就来、滔滔不绝、妙语连珠、思维敏捷。

以上就是我们对优秀主播综合素质的总结。有些是天生的，有些是可以通过后天努力获得的。目前知名的头部主播里，有的当过老师，有的做过培训，有的做了很多年的导购，本就是销售出身，在长期的工作实践中，经过不断磨炼，练就了一副好口才。

## 4.5.2　好主播口才训练是基本功

战国时，纵横家张仪因被诬告窃玉，被打了个半死，醒来后的第一时间，他关注的是自己的舌头还在不在。对张仪来讲，只要舌头还在，就还有翻盘的可能，一切都难不倒他。他是靠嘴吃饭的，舌头就是他重要的法宝。

同样，主播也是靠嘴赚钱的。主播的综合素质，有些是天生的，难以改变，比如容貌；有些是可以通过后期训练改变的，比如口才。只要你足够努力，就可以当主播、赚大钱。

很多人说自己嘴笨，说不好话，注定做不了主播，其实这都是借口。笔者在第二部分介绍过一个说大鼓书的艺人，他是一位残疾人，却通过后天的勤学苦练，吃上了说书这碗饭。其实，只要克服自己的畏难情绪，找对方法，进行训练，就能有所收获。

各行各业都有基本的入门要求，当武打演员要先练把式，当相声演员要练口技，当主播要靠口才，做直播更需要临场发挥的能力，要有张嘴就来的本事。

事实上，直播也有相关话术。主播看起来口若悬河，其实都是私底下训练好的。介绍产品都是有一定话术的，先介绍什么，后介绍什么，卖点是什么，都有文案和模板，练熟之后，在直播时根据不同产品替换即可。

当然，不同的产品属性不同、产地不同、注意事项不同、价格不同，主播需要提前做好功课，了解清楚，才能应对观众的随时提问。

在很多主播培训班中，学员拿着厚厚的稿子，在一起大声朗读，仔细一听却是各读各的。这不仅仅是在进行台词训练，更是在训练定力，以获得在嘈杂的环境中不被别人的影响的能力。

只有这样，你才能在真正开始直播的时候，做到张嘴就来，而且非常熟练，让观众心动。他们几乎没有思考的时间，就会在你的影响下不停地"抢抢抢""买买买"。

下单率高，业绩就会好。随着你的基本功越来越熟练，还能逐渐掌握一些高级技巧，比如卖个关子、埋个伏笔等，慢慢走上成为大主播的道路。

### 4.5.3 一场直播一场戏，主角配角飙演技

一场成功的直播就像一场大戏，要想精彩好看，不仅要求主播有演技，各后勤人员也要通力配合，一起演好这场戏。例如，助播帮你随时递产品，助理帮你安排直播顺序，忘词的时候有人及时提醒，需要制造气氛的时候有人帮你喊麦。

喊麦是制造紧张氛围的必杀技，一旦"开锣"，抢购的气氛立即就突显出来了，喊麦倒计时的气势越强，抢购的氛围越浓。比如"倒计时开始，10、9、8、7，总共1000件，已经被抢了921件，还有6秒，哦，最后5秒！"紧迫感十足，让粉丝感觉再不下手，便宜的产品就马上"飞"走了。经过反复验证，如果气氛制造得好，粉丝跟着节奏走，产品就会卖得很好。

当然，具体能卖多少，还需要流量的"配合"。流量的来源包括付费投广告，也包括靠短视频拉动的自然流量。这个工作可以交给运营人员，他们要配合主播的节奏，决定此刻的流量是否需要带动起来。是用短视频拉流量还是用广告拉流量，要由运营人员来调度，他们是幕后英雄。

通过兴趣电商的模型我们可以看到，在以直播为主的销售体系中，主播已经把产品的方方面面都介绍到位了，消费者也已经充分了解了自己想买的产品，以及相应的优惠策略。也就是说，主播实际上已经完成了销售环节90%以上的工作，抖音小店所承载的任务就是下单和付款。在这种销售模式下，所有的资源都根据主播的节奏来调度。

如果你的短视频已经做得非常好，能够拉动流量，那么它的投放规律和投放时间，也要纳入直播体系，在必要的时候为直播间拉流量。广告投放自然也要遵循这样的原则。

如果用短视频带货，粉丝可能会打开抖音小店里的详情页仔细看一看，然后再决定买不买。但在直播中，大部分人都不会去斟酌。

如果用直播带货，那么一切就要围绕直播进行，因为直播承担了90%以上的销售工作，是变现的关键环节。在这种模式下，短视频对销售只起到导流作用，抖音小店里的详情页起到的销售作用应该在10%以下。

### 4.5.4　降低对主播综合素质的要求

利用短视频带货，就是在短视频的橱窗里挂上抖音小店里的产品链接。如果短视频播放量特别大，也能促成不少订单。然而，也有些产品不适用短视频带货，更适合用直播来带货。

对于个人创业者来说，短视频是基础，需要一招一式地练，练着练着，播放量就多了。如果想尝试直播，那就从现在开始，训练自己当主播。

有没有办法，能在没有人帮助你的情况下，自己一个人既完成短视频推荐引流，又完成直播、带货、变现呢？乍一听，感觉这是超人才能做到的事。其实，只要略微降低对主播综合素质的要求就可以了，毕竟综合素质非常高的人占少数。大多数人虽然通过训练也能走上成为大主播的道路，但这个训练的过程很漫长，要想成长快，还需要有人手把手带。

笔者特别欣赏万元商班的模式，其给宝妈们安排的任务都是从简单的开始。宝妈们不用管产品供应链的问题，老师已经做了产品严选，并且总结了每个产品的卖点和卖法，宝妈们需要做的就是制作短视频，搭建一个简单的直播间。

直播间的搭建也有参考模板。例如，在背景中放一个货架，也可以放一块绿布，配上两盏灯，一部手机，一台电脑即可。

老师会直接提供录制好的产品介绍，每个产品的卖点、使用方法、使用效果，都用视频来呈现。宝妈们要做的就是坐在摄像头前，展示样品，也可以进行简单的解说，如果不愿意讲解，就用现成的视频来合成。观众通过直播间最终看到的是合成后的画面。

对于平台来说，你是在直播，有真人出境，不只是播放录制好的视频。对于主播来说，最难、最复杂的销售环节都有人提前帮他做好了。主播只需坐在电脑前露个脸，配合展示产品即可。

主播可以吃着火锅唱着歌，完成带货；也可以一边追剧，一边给剧中的零食带货。用户一进入直播间，就能看到主播追的剧和其手里的产品。如果有需求就会购买。

当然主播如果想进一步增加转化率，可以再做一些促销，搭赠一些赠品，或者送一些优惠券。

在降低直播难度方面，还有一种做法，就是把露脸的主播和动嘴的主播分开。

譬如，主播长相不佳，这无法改变，但他可以把口才练好，扬长避短，只发挥他的口才优势，不在直播间露脸。再找一个形象比较好的主播，用手机或者摄像头对着他的脸，或者拍摄他一直忙碌的场景，他的作用是吸引人，但是本身不用说话。让负责动嘴的主播专门拿着话筒在旁边进行解说，这样两个人配合，也能很好地把产品卖出去。

既然这个拿着话筒的人不露脸、不上镜，那就不用管他的形象怎么样，只要他的口齿伶俐、表达清晰就可以。

这样，由两个各有特长的人协作完成直播，一个人露脸，展示形象；另一个人不上镜，只贡献口才。

形象好的人很多，口才好的人也很多，二者合起来就可以媲美综合素质高的主播了。

其实类似的做法还有很多，大家需要认真思考。只要想吃兴趣电商这碗饭，就难免遇到困难，遇到困难也不能退缩，只要我们肯动脑，办法总比困难多。

## 4.6 兴趣电商变现环节

### 4.6.1 兴趣电商的小店，没那么重要了

从兴趣电商的模型可以看到，抖音小店隐藏在最深处。

如果以直播带货为主，90%的推销工作都可以在直播间完成，抖音小店承载的就是接收订单和付款等简单任务。相比传统电商的网店，抖音小店的功能被弱化，重要性也大大降低。

以前做电商的人总喜欢花钱多开店，不管是淘宝、天猫还是拼多多，有实力的人可以开好几十家店，让这些店铺形成一个店群矩阵。

为什么要这么做呢？

因为搜索电商是以产品为中心的，你的店铺越多，店铺里的产品被搜索到的机会也就越多，带来的流量也就越多。

店铺较多的时候，总是东方不亮西方亮。就像过去分地一样，不管是大人还是小孩，都能获得一些资源。在搜索电商中，这个资源就是流量，有流量就意味着有可能产生销量。所以，在搜索电商平台上，多开一些店铺是提高销量的办法之一。

用金融术语来表达，多开店铺就是在加杠杆，你投入了同样的人力、物力和时间，占领了更多的流量入口，就能获得更多销量和利润。

但在兴趣电商中，我们发现多开店铺并没有太大用处。可能会有几百甚至几千个达人帮你带货，但这些达人的流量都会导入某个店铺的某个产品上，抖音小店承载了收钱的功能。

在兴趣电商里，开店多不代表流量就多，有人帮你推产品才是最重要的。无论多少达人推产品，哪怕头部主播一起推，所产生的流量只要一个抖音小店就能承接，过去那一套店群矩阵的玩法没有优势了。

还有大量的达人不开抖音小店，只帮别人带货，赚纯佣金，省去了很多麻烦。谁有好货，谁有新品，谁的货好卖，他就卖谁的货。不被店铺束缚，反而过得更自由、更滋润。

年初的时候，笔者的团队计划今年再多开几家天猫店，钱都准备好了，但是在兴趣电商这个概念被提出之后，我们对其进行了深入研究，并对未来进行了预判，决定把重心放到兴趣电商上。

按照过去的思维，我们以为要多开几个抖音小店。但真正掌握兴趣电商的玩法之后，我们发现根本没必要多开店。把一个抖音小店的销量做起来，比多开 100 家抖音小店更有意义。与其多开店，还不如多找达人帮你带货，这样才能有实实在在的销量。其实就算你开 100 家抖音小店，如果没人帮你推广，那么这 100 家店可能还没有别人一家店的销量好。

如果这 100 家店开在淘宝、天猫上，就算只依靠自然流量，其每天的订单加起来也会有很多。但是在抖音上，如果没人帮你带货，那么可能就没有订单，这就是它们的不同之处。

### 4.6.2　兴趣电商的 FACT 模型：引爆销量的四大流量渠道

除了笔者在前面介绍的兴趣电商模型，抖音电商官方还提出了 FACT 模型，其实际上代表了引爆销量的四大流量渠道。

开了抖音小店，上架了产品后，如何让店里的产品销量大增呢？这就需要寻找流量渠道。FACT 是四个英文单词的首字母缩写，每个单词分别对应一个流量渠道。

（1）"F"，Field，代表商家自播。

商家首先需要开展自播。笔者在第三部分介绍过，如今有很多传统品牌纷纷开展自播，或者请直播代运营。平台是鼓励用户自播的，因为这是用户的根据地。

对商家来说，最熟悉其产品的人，就是自己人。商家可以随时找到自己人，并且不会像达人一样需要频繁更换。对于有需求的粉丝来说，当他们像赶集那样有明确的购物目标的时候，他们就会直接进直播间找你，你要做的就是确保他们每次都能找到你（每天都直播很久）。

（2）"A"，Alliance，代表达人矩阵。

每个抖音的创作者只需要完成一些很简单的步骤，再交 500 元的保证金，就可以开通橱窗，成为达人，帮别人带货。

任何一个抖音上的玩家都可以摇身一变，变成达人，但他不一定想成为商家。这意味着抖音拥有一个庞大的达人群体，他们可能很擅长做短视频，粉丝量很大，推广能力很强，只要他们中的一部分人愿意带你的货，就会产生很多销量。所以，想提升销量，不要忘了这个流量渠道。

（3）"C"，Campaign，代表抖音平台的付费流量。

抖音平台的小店放心推、巨量百应、巨量千川等功能都可以帮助商家投放付费广告，有点类似淘宝的直通车和钻展，功能非常强大。当你觉得平台推荐量不足的时候，就可以通过付费的方式，让你的短视频或直播间直接出现在目标受众面前。

笔者讲过，所有的付费推广原理其实都是插队和加塞。也就是说，用户在正常的情况下可能看不到你的内容，但你通过付费的方法，让自己的位置提前，让用户优先看到。至于用户会不会点进去看，这就要看你的内容是不是其真正感兴趣的。

第四部分　兴趣电商该如何做

按照目前抖音平台上的日活跃用户数量，只要你有钱，就能买到海量的流量。但至于投入产出比如何，是否划算，是否还有利润，那就是多个因素共同作用的结果了。

（4）"T"，Top KOL，代表头部主播或明星主播。

只要你有钱、有好产品，都可以与头部主播合作，唯一需要衡量的就是你的供应链能力。如果你的产品真的火了，订单量非常大，你能不能供应上？能不能在短时间内把货都发出去？

FACT 模型就是推广产品的一套组合拳。也就是说，这四个渠道你可以同时使用，不过，很多商家只用了其中的一个渠道，就做得很好了。

比如笔者在第一部分讲的军哥的案例，他只是把 FACT 模型中的第二个渠道，也就是达人矩阵（A）用得非常好，有很多达人帮他推广产品，他每天能卖一万多单。

有的商家不找达人合作，也不以付费推广为主，更不找头部主播，他们只开展自播（F），每天创作短视频。笔者在第一部分介绍的柳先生用的就是这种玩法，用很少的资金就撬动了很多自然流量。

而像笔者在第一部分介绍的飞哥，他的玩法就很粗暴，只顾投钱、推广，因为他在淘系电商中就靠直通车、钻展等尝到了甜头，赚到了大钱，他觉得直接花钱买流量省时省力。他不喜欢做内容，所以他到了抖音上以后直接用了第三种渠道（C）。但是因为他的短视频转化率很低，所以投入越多，损失也越多。

在现实案例中，与头部主播（T）合作的商家属于少数，一方面产品难以被头部主播选中，另一方面，这些头部主播带货门槛非常高，坑位费高，佣金比例高，杀价猛，最终算下来，商家很可能承担不了。

这就是目前抖音电商里的 FACT 模型，这个模型可以与笔者前面讲的兴趣电商模型互为补充，有助于你加深对兴趣电商的理解。

### 4.6.3 使用这样的价格模型进行直播才能保证利润

做兴趣电商不能不谈利润问题，这关系到有没有效果、最终能不能赚到钱。而利润又与价格密切相关。卖得贵了，没有人买；只卖很便宜的产品，又没有利润。所以我们需要一个价格模型，既能吸引受众，又能确保利润。

我们在安排产品的时候，要按照这个价格模型来搭配。才能做到既能吸引流量，留住用户，又有利润保障。

大主播的产品号称全网最低价，事实上他的每一款产品都可以做到全网最低价。但对于中小商家来说，却不可能做到每款产品都是最低价。如果款款都是最低价，就有可能赔钱。

大主播为了拉人气，有时候会自己赔钱做生意，商家也是如此。

我们自己直播，如果赔钱了，只能自己承担，因为我们自己就是商家。你可以偶尔用一款赔钱的产品拉人气，但也要用有利润的产品赚钱，这样你的生意才能长久。

我们要介绍的价格模型也称为飞机模型，出自《淘营销》一书，事实证明它的确很有用。

飞机模型就是把产品分成三类：机头产品、机翼产品、机身产品，这三部分共同构成价格的飞机模型（见图4-2）。

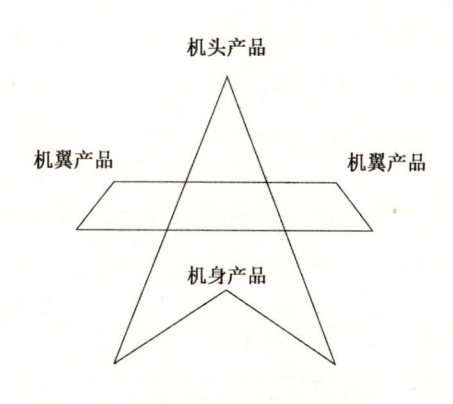

图4-2  飞机模型

机头产品，又称福利款或引流款，价格很低，最常见的就是9.9元包邮或19.9元包邮的低客单价产品。机头产品转化率非常高，尖尖的机头用于突破市场。

你可以将9.9元当成秒杀价，在直播的时候，每隔一段时间预告一下秒杀的时间，用户会等着参与秒杀，这样你直播间的人气就会越来越旺。所以机头产品的作用是撬动流量，提高转化率，其本身可能不赚钱，即便赚钱也可能不多。在本书第一部分的案例中，有一些商家不遗余力地制造机头产品，就是想用它来突破市场，拉动人气。

机身产品是利润款产品，我们主要靠利润款产品赚钱。当你的直播间用户越来越多的时候，就应该加入利润款产品。当在线用户减少的时候，就用福利款产品重新拉动流量，一旦流量增加，再换成利润款产品。机身产品是众多产品中利润最多的。

还有一部分产品被归为机翼产品，就像飞机的两个翅膀，起到平衡和保护作用。当别的主播在卖某个产品时，为了让你的用户不被别人撬走，你也要卖该产品，但是它给你贡献的只是中等利润。因为别人也在卖，所以你不能卖得太贵；但如果你不卖，用户可能就去别人那里买。这类产品属于机翼产品。

如果你想卖的产品很多，那么就可以按照飞机模型进行产品划分，产品线马上就能简化不少。

我们在直播的时候，要先用机头产品拉流量。流量多了之后，再用机翼产品做缓冲，逐渐提高售价。等流量达到峰值的时候，就卖机身产品，这是你的利润款产品，你要靠其赚钱（见图4-3）。

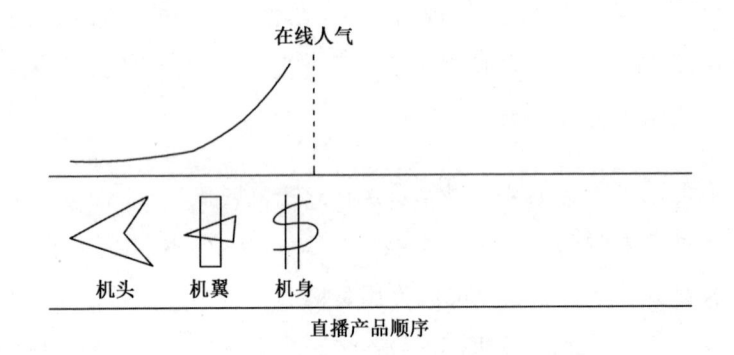

图 4-3　直播产品顺序

卖利润款产品后通常会损失很多流量，这时再用机头产品即福利款产品重新拉流量，循环往复。我们在做直播计划和安排产品的时候，可以参照这个顺序，把直播的筹备工作大大简化。这样直播不仅能赚钱，还能最大限度地撬动免费流量。

在实际直播的过程中，随时调整运营策略是非常重要的。有的主播特别喜欢卖福利款产品，因为转化率比较高。有的主播比较喜欢卖利润款产品，因为客单价高，提成多。运营人员要根据直播数据的反馈，及时提醒主播，随时调整产品，保证直播有序进行。

## 4.7 兴趣电商的团队架构与传统电商有什么异同

### 4.7.1 传统电商的团队架构以产品为中心

大众每次感知到电商的变革，都源于一些新名词的出现。局外人往往认为新名词只是一个新概念，但局内人则要对新名词有足够的敏感和认知，因为这可能关乎其命运。认识的深浅，一般会在组织架构上体现出来。认识浅的人，只会对组织架构进行一些小调整；认识深的人，则是从头搭建新的组织架构，而且完全起用新人。

兴趣电商这个概念被提出后，很多传统的搜索电商人也意识到兴趣电商可能是新的风口。俗话说，行家伸伸手，便知有没有。通过不同商家关于团队架构的做法就能知道其对兴趣电商的理解处于哪个层次。

比如，有的电商只是新增了几个客服，开了抖店，让客服把淘宝上的产品都搬到抖店上，如果有了订单，就由客服接单，一起发货。这种团队的变化，就反映出老板对兴趣电商的认知层次，其只认为做兴趣电商就是在新的平台上多开个网店，并不认为兴趣电商有什么不同，或者压根就没有对兴趣电商有真正的认识。

传统电商团队的架构是什么样子的？传统电商的团队架构是以产品为中心的（见图4-4）。

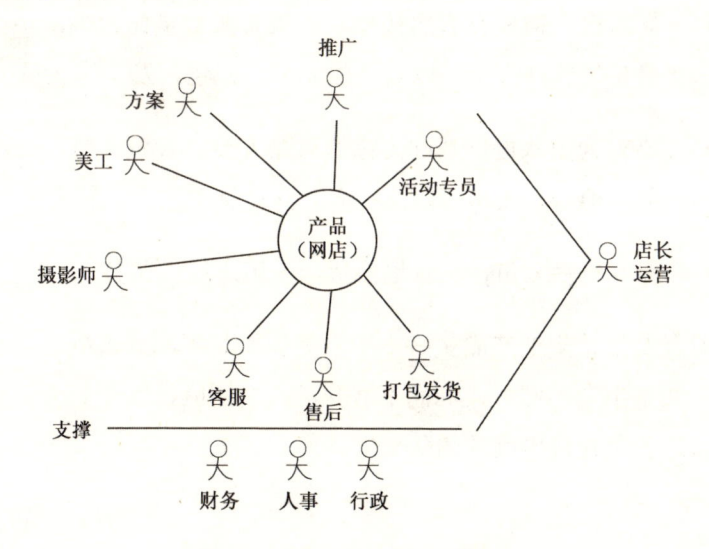

图 4-4 传统电商的团队架构

以产品为中心，就是以网店为中心，商家可能有一个网店，也可能有多个网店。如果有多个网店，则它们共同构成运营的中心，所有工作都是围绕它们进行的。

- 在产品呈现上，需要有图片。制作图片，需要有摄影师（可以外包），需要有美工，需要有文案创作者。他们共同合作，做出产品的图文详情页，然后上架。

- 运营或店长在中间调度。

- 在实际运营过程中，需要把用户拉到微信群，关键时候用得上。

- 需要有专业的推广人员，负责不同的渠道、流量。还可能需要一些活动专员，甚至外联团队，以寻找大的流量资源，如博主、淘宝客，来帮他们推广产品。

- 在后台，需要有客服接单。如果客服数量比较多，还要有组长等管理人员，以及仓储配货、打包、发货等人员。

- 要有为团队提供基础支撑的后勤人员、行政人员，比如财务、前台、人事等，这些人共同让这个网店运转起来。

- 要有售后人员，负责退换货，为用户提供服务。

所有人都希望把产品卖好，产生更多的利润，其薪酬也与利润挂钩。如果生意不够好，利润不够养活这个团队，那么老板就要亏钱了。这就是传统电商的团队架构。

## 4.7.2　兴趣电商的团队架构以内容为中心

从兴趣电商模型能够看到，在兴趣电商里有三件相对独立的事情，每一件事情都需要由一个小团队完成。不过它也是有中心的，短视频和直播就是中心，而短视频和直播的本质就是内容，因此，兴趣电商的团队架构以内容为中心（见图4-5）。下面我们分别进行介绍。

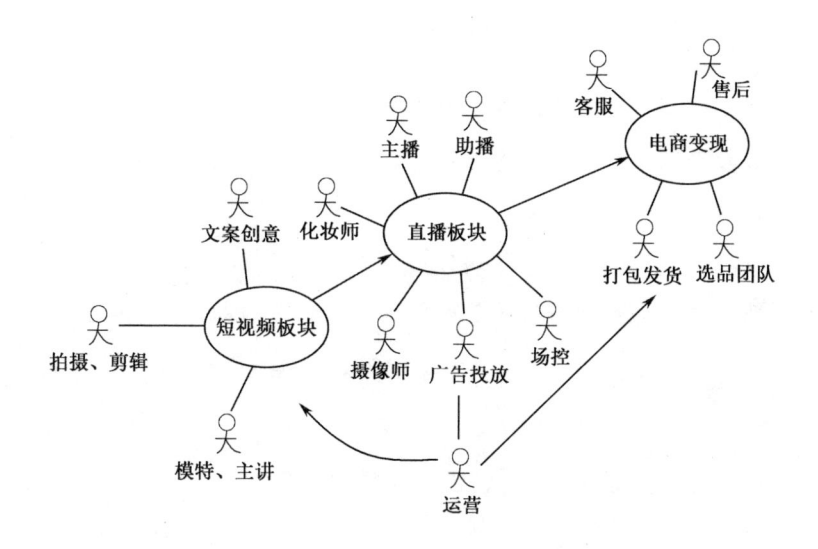

图 4-5 兴趣电商的团队架构

（一）短视频板块

在短视频板块，需要有人写文案、输出创意，这是核心。需要有人拍视频，需要有专人上镜、露脸。过去只是请模特出镜，现在还需要有专人频繁出镜。这看似是小事，其实并不小，因为如果不是自己人出镜，粉丝可能会记住模特，一旦模特辞职了，对商家而言是一笔损失。视频拍出来之后，还需要剪辑和发布，负责发布的人要知道每天该在什么时候发布视频，如何跟粉丝互动，等等。

（二）直播板块

直播团队需要有一名主播，几名助播，中台调度人员，还要有推广人员负责广告投放，也可以让推广人员兼顾发布短视频。还要有场控、喊麦的人员及外围的辅助人员，比如化妆人员、拍摄人员。大的直播团队可能有好几个机位，每个机位都需要一名拍摄人员。

（三）电商变现

如果你没有供应链，就需要选品。特别是大主播的团队，需要有很多人来选品和对接商家，选品团队本身就是一个大团队，因为商家和产品都很多。如果只卖自己的货，不接外面的产品，相对来说比较简单，只需要几个客服。客服和直播团队进行对接，同时兼顾店铺的管理、发货、打包、售后等。

总之，抖店需要的人数，比起传统电商团队少很多，工作量也没那么大。特别是在以直播为主的带货方式下，大部分用户连产品详情页都不看，就直接下单付款了，客服不需要做什么事。

这三个板块各自独立，但也要相互配合，最终实现变现。最好的协作方式是，这三个小团队由一个人统一领导，该领导就是运营人员，他的"中军大帐"就设在直播团队里，两侧的团队听他指挥。这就是兴趣电商的团队架构，是以内容为中心的。

如果要对照兴趣电商FACT的模型，这就是最典型的自播（F）团队架构。C（广告投放）可以随时增加，就看老板的运营策略是以免费流量为主还是以付费流量为主。如果需要和A（达人矩阵）和T（头部主播）打交道，还需要设置专门的人员进行外联，这样FACT模型的四大流量渠道就全都用上了。

## 4.7.3 你以为自己只负责卖货，其实你的作用相当于综艺公司

现在创业越来越难，除了竞争激烈，对创业者综合能力的要求也越来越高。以前创业，只要会卖货，能把货卖出去，就能赚钱。能赚到钱，公司就能存活，不一定会取得巨大成功，但至少不会"死掉"。

在兴趣电商里，难度又增加了，因为卖货、变现的环节又后移了，隐藏在内容后面。你不会做内容，货就卖不出去。

在淘宝直播刚刚兴起的时候，笔者有个朋友非常感慨地说了一段话，这段话现在看来仍然很经典。他说："我是一个卖货的人，我就想老老实实卖货，赚点钱。但淘宝直播迫使我成为一个综艺公司，我不光要卖货，还要会演戏。"

按照兴趣电商的组织架构，每一个从事兴趣电商的人都相当于一个综艺公司，你要会卖货，还要会做内容（演戏）。如果不按这个模式去做，根本就没有生意，货也卖不出去，所以创业越来越难。

前文介绍了传统电商与兴趣电商不同的团队架构，相比之下，兴趣电商需要的团队人数更多，而且专业跨度较大，比如负责卖货的人，可能完全不懂短视频制作。其实，这不只是对普通员工的能力要求变高了，对领导和管理人员的要求也变高了。你怎么知道你要找的那个人有没有专业能力？他是不是需要懂得更多？是不是需要精通各个领域，才能制订营销策略？

很多从传统电商平台转型的商家，通常只是在目前的电商架构下多开了一些店，增加了几个客服，这类人对兴趣电商的认知相对浅显。这让笔者想起了电商刚刚兴起的时候，有的企业在营销部下面设了电商部，电商部归营销部管。这样电商能做大吗？肯定做不大。

对兴趣电商认识深刻的老板，会组建全新的电商公司，独立运作、全部招新人，通过培训或者招聘已经拥有电商技能的人来组建全新的电商团队，这样竞争力才会更强。

本书的第一部分和第二部分介绍了很多案例，很多商家虽然开了抖音小店，但用的还是搜索电商的战术，希望通过刷单或者直接付费买流量。这些老战术根本不适合新平台，所以成功率很低。

历史经验告诉我们，如果你看好兴趣电商，就应该重新搭建适用于兴趣电商的新团队，对新人进行培训。最好不用老人，让他们转型和适应新的兴趣电商团队太难了。

电商公司之间的竞争，归根到底是团队和组织结构之间的竞争。当我们的团队拥有复合能力的时候，我们就不仅仅是简单的卖货的人了，而是升级成了综艺公司，到时候再打败那些只会卖货的公司，就易如反掌了。

时代的发展对创业者和老板提出了更高的要求，我们需要不断学习，提升认知水平，并且把这种认知体现在组织架构上，最终激发团队的能量，赢得未来。

# 第五部分

## 兴趣电商的未来

我们要立足现实,更要看到未来。

能看到未来,就能站在未来看今天,就能知道今天该做什么。

我们预测兴趣电商的未来,也是为了知道今天应该做什么。

未来还没有来,那怎样才能看到呢?这个过程就是"预",有句老话叫,凡事预则立。

我们要先预计、预测,要比别人看得远一些,提前做好准备。

要打有把握之仗。如果没有做好准备,那么时机来了,你也只能随波逐流。运气好的话或许能赚钱,但如果不知道赚到钱的原因,那么下次机会来了,你仍然把握不住。

## 5.1 搜索电商是当下的主流,兴趣电商也许是几年后的主流

未来,兴趣电商会怎样?我们现在就应该做出预判,有了预判就不会随波逐流。若你成功了,你将知道成功的原因。若你没有抓住机会,那这也是你当初的选择。

当前,搜索电商是主流,但是电商在几年内可能会发生很大的转变。

由抖音开创的兴趣电商未来会怎样?我们分别从感性的角度和理性的角度进行分析和预测。

从感性的角度分析,每个人都可以想想自己,或者看看身边的人,一天中玩抖音的时间占玩手机的时间比例是多少?是否有一半时间都在玩抖音?

不要忘了，所有互联网App都在抢占用户的时间，谁占用的用户时间多，谁的经济利益就大。而且用户的使用习惯一旦形成，就很难改变。

因为抖音给你推荐的全是你感兴趣的内容，并且源源不断，让你觉得很难放下手机，所谓"爱不释手"描述的就是这种情景。

再来从理性的角度分析，用数字说话。

我们以2020年统计的电商销售额来看，主流电商平台的销售额总共有十多万亿元。随着兴趣电商的兴起和不断完善，商家越来越多，产品越来越丰富。再加上用户使用抖音的时间越来越长，其在抖音购物的习惯将逐渐养成。

抖音电商刚刚起步，仅2021年1月，其GMV就比2020年1月增长了50倍。这说明抖音电商的成长速度非常快，增长空间特别大。当然，以目前的速度，离5万亿~10万亿元的目标还很远。因此，商家应该及早介入，才不会错失良机。

## 5.2 多年后兴趣电商依旧是品牌和实力商家的天下

### 5.2.1 在淘宝培育淘品牌，在抖音培育抖品牌

在鱼缸里养过鱼的人应该有过这种体会，一起买回来的同样大小的鱼，放在一起喂养，有的鱼长得快，有的鱼长得就很慢，一两年下来，个头的差别会很大。

在商业市场上也是同样的道理，即便我们预计五年后兴趣电商将成为主流，销售额能达到 5 万亿~10 万亿元，但不同商家的成长速度差距是非常大的，最终有的会成为大商家，有的则还在生存边缘徘徊。同是做电商的，你可以认为它们的"品种"不同。

我们观察过，成长最快的是那些走品牌路线的商家。过去是这样，未来还有可能是这样。

抖音电商培育出的品牌，被称为抖品牌，区别于淘宝培育出来的淘品牌。实际上，近几年京东、拼多多还有小红书也都培育出了各自的不同品牌。起步最早的是淘品牌，当年的"婴儿"如今已变为"成人"，有很多淘品牌已经做得很成功，其当初完全是从淘宝白手起家的。

成功的标志之一是上市，目前知名电商品牌如御泥坊、三只松鼠、韩都衣舍等，已经分别在国内 A 股市场的主板、创业板、新三板上市了，还有一批淘品牌也即将上市。

及早走品牌路线，就能给企业注入一种能获得巨大发展的基因，就是先有个大骨架。骨架大，饭量也大，自然更能占领更多的市场份额。如果有资本的加持，不仅能壮大，成长速度也会更快。

看看淘宝的发展轨迹，就能知道在抖音的大市场空间，也将培育出一大批品牌。它们也都从零起步，将来也可能成为上市企业，市值达到几十亿元或几百亿元。

笔者为什么那么推崇做品牌呢？因为只有有了品牌，企业才能做大。

这里有两个方式。一是进入资本市场，为发展提供源源不断的资金。

二是做成知名品牌。知名品牌拥有话语权，而且一旦成为全网品牌，可以跨平台运营。所以，如果你在淘宝上培育出一个品牌，那么你也能够在抖音上找到机会。

为什么呢？因为人群会在平台之间切换，会从淘宝转到抖音。当你在新平台上开店之后，他们仍然会支持和购买，因为他们认识你。但如果没有品牌，客户记不住你，一切就要从零开始，而且能拿到的资源非常少。

这里补充一段关于做品牌的往事。笔者很早就提出，电商的中小卖家，一定要走品牌这条路才能做大，但是很多人都安于现状，觉得有订单就行，能赚钱就很满足了。于是一批又一批安于现状的人，疲于奔命，或者陆续退出电商市场。

笔者在2012年的时候就出版了一本叫《淘品牌》的书，距今快十年了。当时笔者希望通过该书呼吁电商卖家做品牌，但响应者寥寥，大家都不愿意做品牌。原因很简单，商家销量好的时候不需要做品牌，因为每天都在赚钱。而当商家销量下滑、大势已去，这个时候最紧迫的就是生存问题，谁又有心思做品牌呢？

所以，做品牌的注定只是少数商家，正是这些少数人抢走了整个类目大量的流量和大量的市场份额，战胜该类目下的其他商家。最终这些品牌越做越大，成功上市，有的市值都达到了几百亿元。

现在来看，《淘品牌》这本书出得太早了，当时的淘品牌概念才刚刚兴起。五六年之后，才开始有淘品牌成功上市（御泥坊2018年上市，三只松鼠2019年上市），这说明走品牌路线是正确的。一个企业把品牌做出来且能上市，一般来说需要十几年的时间，有足够的成长时间才能足够壮大。

现在兴趣电商刚刚兴起，笔者依旧认为，对于想在兴趣电商拿下很大份额的有志之士来说，最好给自己定下一个品牌目标。这样你才能越做越大，才能够吸引更多资本。如果只靠自己慢慢赚利润，不断滚雪球，看似很安稳，其实最不安稳。因为如果同类市场中有心存大志的对手，他一定会抢走你的市场份额。

想象一下，如果你是一株小草，你旁边突然长起了一棵参天大树，那对于你来说就是灭顶之灾。反过来，如果你的志向远大，未来就有可能做大，而你的"大"是因为抢占了整个细分市场的大部分流量和其他小卖家的客户。

企业越大，代表实力越雄厚，越可以抵御风险。每年都有几百万个新卖家进入电商市场，每年也有几百万个老店铺被迫闭店，其中绝大部分人一开始只想赚点钱，也确实赚了钱，然后便停滞不前。后来环境变了，他们就在竞争中被淘汰了。

## 5.2.2　积极拥抱资本

商家有了品牌就相当于有了自己的地盘。没有品牌的商家，生存空间会越来越小，只能到处迁徙。有品牌的商家，即便也需要迁徙，但到了新的地方很快又会拥有自己的地盘，这就是品牌的优势。

平台上每天倒闭的中小商家数以万计，留下来的往往是有实力的商家。任何一个平台竞争到最后，都是在比拼谁更有钱，谁有钱，谁就能赚更多的钱。

如果商家有钱，就能拿出来花在平台上，平台就会给它更多的资源，让它赚更多的钱。

如果商家没有钱，或者舍不得花钱，平台自然不会给它更多的流量。换位思考一下，你就能明白。假设你是平台，现在有两个卖家，一个卖家很"佛系"，从来不花钱投广告，只想让平台给他提供免费流量；而另外一个卖家很舍得投钱，你作为平台方，每年都能从后者的利润里分到很多钱。你会把更多的资源和流量给谁呢？肯定会给后者。因为平台也是商业机构，也需要获得回报。

任何一个平台的运转都符合这种规律，将来兴趣电商的发展也是如此，最后剩下的都是有品牌和有实力的商家。因此，新入局的商家，最好利用红利期迅速做大，做出一个品牌，绝对不能小有收成就"乐不思蜀"，一定要居安思危。做生意一定要吃着碗里的，看着锅里的，还要积极拥抱资本，有了资本的加持，就能很快与同行拉开距离。

与同行竞争的最好方式就是让其对你望尘莫及，如果你们比肩起跑，谁也不服气谁，最后就会陷入恶性竞争。你只有把同行的信心、底气和志气彻底击垮，把他的客户全部"收编"，才会远离恶性竞争。

做品牌其实就是树立一面旗帜，让关注电商市场的投资人能快速找到你。如果能成功地把投资人吸引过来，为你投资，那么你的发展会更快，在抖音这个市场里会如入无人之境。

所以，现在是大家一起赛跑的阶段，现在入局有三大关键点：一是进入时间要快；二是要有一个宏伟的目标；三是要有充足的"粮草"。资本的加持对于抢占市场来说是非常有利的。在预见到五年之后的情况后，我们现在就要明确定位，走好这条路，这样才不会浪费时代给你的机遇。

## 5.3 明星从代言到带货,是商业进步,也是常态

### 5.3.1 明星的价值在哪里

请明星代言是过去传统营销里常用的一个手段。不管是已经成名的大品牌还是刚冒头的新品牌,每年都要花费大量的营销预算请明星代言,或请明星拍广告。

这也是很多人想当明星的原因。因为当了明星,只要接一条大品牌的广告,就能很轻松地赚到钱。

那么品牌商为何请明星代言呢?它们看中的明星价值在哪里?这就要从营销理论说起。

对于一个新品牌来说,消费者对其感到陌生,陌生就意味着不敢轻易相信,也就不敢轻易购买。消费者在选择产品的时候,最先

用的就是排除法，先把自己不信任的、感觉不好的、陌生的产品排除，然后再对剩下的几个产品进行综合比较。

所以，对于一个新品牌来说，最重要的就是让消费者优先选择你，让你的产品成为候选产品之一，而营销就是解决竞争的问题。

如何在竞争中胜出？常用的方法就是拉近与消费者之间的距离，从陌生变成熟悉，甚至让其对你有好感，捷径就是利用明星这张被大众所熟悉甚至所喜爱的脸，让这张脸与你的产品挂钩，这样用户看到你的产品，就会从陌生变成熟悉，甚至会把对明星的喜爱和信任，直接转嫁到这个产品上，那这个产品在竞争中胜出的概率就会大大增加。慢慢地，人们就敢于接近它、熟悉它、购买它，最后记住它，这也是打造新品牌的最快方式。

所以请明星代言实际上是杠杆借力，把消费者对明星的信任和情感，直接转嫁到品牌上，可以缩短消费者熟悉产品的过程。

有了明星代言这种杠杆借力，新品牌就能很快为消费者所熟知，对品牌的发展起到助力作用。

那已经有名的品牌为什么还要请明星代言呢？有名的品牌常常请国际巨星或当红明星代言，明星越红，意味着当下的人气越旺。用户喜欢当红明星，而这些有名的大品牌也需要经常出现在用户的视野内，否则人们可能慢慢就把其遗忘了。有这些当红明星帮大品牌代言，会让新老用户更熟悉大品牌，让他们感到该品牌在与时俱进。

再知名的品牌，如果长期不露脸，也会慢慢被人们遗忘。所以要想让消费者一直喜欢你的品牌，就要请当红明星代言。

反过来，品牌商也会把明星的身价拉高。

明星当然很乐意配合，因为自己的身价高，就能赚更多代言费。但其实这也是大品牌商筑起的一道门槛，让其他没有实力的商家望而却步。因为一个明星如果频繁地为不同品牌代言，就会降低其价值，代言的效果将大打折扣。所以，大品牌商把明星的代言费拉得越高，明星代言的品牌就越少，最终起到的代言效果就越好。

## 5.3.2 明星的盈利模式将发生巨大转变

明星从代言到带货，其实是商业的进步。抖音上加入带货行列的明星越来越多，这只是一个开始。其实，带货的人并不局限于明星，还包括各行业的公众人物，如电视台的主持人等。

明星带货并不会自降身份。"身份"是一个很虚的东西，而带货则会把很虚的身份变现，让明星更接地气。实际上明星带货也是一种新盈利模式。以前明星的收入主要来自拍戏赚取的片酬，以及接广告和商演。现在有了抖音电商，他们开始尝试带货赚钱，这种现象将会刮起一阵风，让明星的盈利模式整体发生转变，从原来靠接广告赚钱变成直接带货赚钱。

这背后的道理如下：既然以我的名气能帮品牌商赚钱，我为什么不自己带货，给自己赚钱呢？

在时代的红利之下，每个时代都会有一批人走到聚光灯下，进入大众的视野，攫取红利。比如，在淘宝直播刚刚兴起的时候，淘宝中的一批被称为"淘女郎"的模特就攫取了这样的红利。以前，她们一直隐藏在幕后，只是商家雇用的产品模特。由于她们的形象经常出现在产品的详情页中，所以被很多消费者熟知。在直播还未兴起的时候，她们只能屈居幕后。如今，在直播时代，她们积累了自己的粉丝，通过拍摄视频，自己卖产品，收获颇丰。

很多明星也是如此。一些明星接不到广告代言，便将主动权掌握在自己手里，进行直播带货。他们有一定的粉丝，也有一定的实力，擅长表演，而且很会做内容，能够迅速盈利。以前，他们只是为品牌商代言，凡是他们代言的产品，粉丝就会购买。现在，他们自己带货，省去了中间环节，赚到的钱更多了。粉丝和销量全部掌握在自己手中，不用再被品牌商左右。

所以说，明星进行广告代言或商演，是把命运交给别人；明星自己直播带货，是把命运交给自己。明星的盈利模式转变了，未来的盈利之路也会更加宽广。

## 5.3.3 中小品牌不再请不起明星了

中小品牌对明星代言有需求吗？非常有。

过去，很多商家不是不想做品牌，而是做品牌的投入太大，他们承担不起。

再加上大品牌故意把明星的代言费拉得很高，让中小品牌"高攀"不起。

其实明星代言费只是一部分费用，比起明星代言费，广告费用更贵。一个新品牌请明星代言，可以把明星的肖像印在产品包装上，还可以请明星拍广告，在电视上投放该广告，其实真正贵的是广告投放费，也就是媒体费。

电视黄金时段几秒或者十几秒的广告，费用可能高达几亿元，而且要长期播放，因为只播一次是没有效果的。这就是广告费很贵的原因。

请明星代言很贵，广告费更贵，所以很多中小商家不愿做品牌。

现在，明星转变盈利模式之后，他们对中小品牌也是有需求的。因为明星带货是跨类目的，需要的产品种类非常丰富，候选的商家往往有几千家，其中中小品牌比例更大。

对于中小品牌来说，请明星带货会让自己的品牌逐渐被更多人熟知，而所支付的费用和过去相比也少得多。

而明星的收入会少吗？不会。因为过去可能一年才有一个客户，而现在一天就有很多个客户，相当于批发的模式，薄利多销。客户多，总收入也比以前多。双方都有需求，很容易就能达成合作。

### 5.3.4　抖音带货为艺人打开一扇门

结合前面几节的内容，我们不难得出一个结论，目前，明星带货才刚刚开始，等这扇门真正打开之后，几千万艺人将走上带货这条路。

为什么这么说呢？我们先从明星的现状说起。

实际上在明星群体中，当红明星、收入很高的明星连万分之一都不到，但出于对当明星的向往，每年都有大量艺考学生在争抢有限的机会。国内每年出的新影视剧数量有限，而且只有一些当红明星片酬才比较高，很多艺人都无戏可拍。长时间没有戏拍就意味着没有收入，长期没有好的作品，意味着人气下降，大品牌请他们代言的概率也会降低。很多艺人的收入很少，甚至没有收入，他们寻找新出路的需求很强烈。

对于那些正在寻找出路的艺人来说，在抖音上直播的门槛非常低，他们需要做的仅仅是学一些兴趣电商的知识，弥补短板，就能奋起直追，毕竟他们有固有优势。我们根据兴趣电商模型，看看这些艺人的优势在哪里。

首先从产品角度来说，以前他们可能不知道该卖什么，没有产品。现在，最简单的办法就是直接利用抖音的精选联盟，这里面有数不尽的产品。如果没有自己的供应链或者严选团队，可以先卖精选联盟里面的产品，然后再逐渐建立自己的严选团队，专门用来选品。

实际上建立这种选品团队的门槛也很低，投入也不是很大。只要艺人把消息发布出去，很多商家都会主动找艺人帮自己带货，毕竟艺人有一定知名度和背书作用，所以不愁找不到产品。

其次从直播带货的角度来说，艺人的口才往往很好，只需要掌握直播带货的话术即可。另外，需要克服不好意思或者不擅长卖货的心理障碍，过了这一关，就向成功更进一步了。

最后从短视频角度来说,艺人都很擅长拍摄,每个人都有一些绝活。他们会讲段子、会做内容、会演戏,再加上自带一部分粉丝,起步就更容易了。

所以,将来在兴趣电商中最有竞争力的可能是艺人,他们最有可能成为兴趣电商的最大受益群体。就像"淘女郎"一样,艺人有做兴趣电商的优势,兴趣电商必将助力艺人的发展。

## 5.4 要在兴趣电商的红利期押重注

### 5.4.1 为何要抓住红利期

前面我们预测了兴趣电商的未来,又回顾了电商发展的历史,目的是为现在提供指导。处在兴趣电商刚刚兴起的当下,我们要做两件事:第一,要抓住红利期;第二,要押重注。

红利期是指你的对手还在沉睡的时候,有实力的商家还没入局的时候,或者跟你同时起步的商家还没有壮大的时候,竞争不是很激烈、离竞争白热化还有一段时间的时候。

也就是说,这时候中小商家完全还可以做创意内容,还可以成长起来,在这个阶段先赚到钱。这就是红利期的特征。

世界上有三种人：先知先觉的人、后知后觉的人和不知不觉的人。一般能抓住红利期的，都是先知先觉的人，而是否能做到先知先觉，取决于你的认知。你把本书多看几遍，就能改变过去的认知，形成对兴趣电商新的认知。

市场会淘汰不知不觉的人。但是随着形势的变化，也会唤醒后知后觉的人。先知先觉的人和后知后觉的人的区别就在于，一个是主动的，一个是被动的。环境变了，你不得不跟着变化，这就是后知后觉的人。

实际上每一个新事物刚发展起来的时候都有红利期，有人能抓住机会，也有人错失良机。我们再来回顾一下淘宝早期发展的历史。一部分大学生不愿意做朝九晚五的工作，于是到淘宝开店，做了店掌柜。当时那些传统的商家看不懂、看不起、看不惯那些开店的大学生，觉得他们不务正业，不去找工作，整天"泡"在网上。传统的商家明明很有实力，也非常有优势，但是因为认知不够，所以不愿意尝试电商。到了后来，他们的生意被电商抢走，他们中有一部分人开始觉醒，也加入了电商，而大部分没有觉醒的人就被淘汰了。所以，淘宝的红利期给了第一批电商从业者崛起的机会。

如果再有新事物出现，人们就不会犯这种错误了吗？固有观念就能改变了吗？并非如此。

前几年拼多多刚刚兴起的时候也有红利期，卖家很少，买家多，生意很好做，但照样有很多商家看不起、看不惯拼多多，不愿意进行尝试。

其实这是人的共性，大多数人都无法立刻接受新事物，特别是既得利益者。原因很多：第一，新事物的出现可能会耽误他们赚钱；

第二，新事物可能会抢他们的客户；第三，新事物可能让一批人变富裕，缩小与他们的差距；第四，新事物是未知的，他们不敢冒险，尤其不愿放弃眼下到手的利益。所以他们不接受新事物，这就给了那些没有资源、没有实力的人机会。

红利期是中小商家崛起的最好机会，等到竞争进入白热化的阶段，没有实力的人会纷纷被淘汰出局。淘宝上每天都有大量的卖家关店，他们只能继续迁移到新的平台。同理，将来抖音壮大后，红利期结束，到了拼实力的阶段，这些人走不下去了，也会迁移到新的平台上谋生。

## 5.4.2 为什么要预判及押重注

现在是兴趣电商的红利期，我们现在就要立即行动，不能再迟疑。

未来几年，兴趣电商可能会成为主流，交易额可能会达到 5 万亿～10 万亿元，我们的成长空间将会非常大。

为什么一定要押重注呢？因为投入大，回报大，这种大回报源于你独特的战略眼光。你能看到别人看不到的机会，理应获得大的回报。

押重注意味着你对未来的判断充满信心，你敢押重注就意味着你做了深入研究。如果从投入的精力来看，我们应该把所有的精力放在兴趣电商上，说极端一点，你甚至可以把它当成此生的最后一根救命稻草紧紧抓住。用不了几年，你将实现人生逆袭，成为最大的赢家之一。

如果只是浅尝辄止，随波逐流，按照自己喜欢的节奏去做，享受着红利期的利润，安于现状，那就是另一种情况了，但是你最终往往会后悔。

笔者多次强调，一定要做战略预判，谁都不知道将来会如何。你只有比别人想得更深、看得更远，你才有押重注的意识。

关于押重注，有一个经典例子。当年马化腾在创业的时候，他们的创业项目就是今天大名鼎鼎的 QQ，当时他们已经到了山穷水尽的地步，一直找不到人投资。后来马化腾找到新浪，想把 QQ 卖掉，报价 50 万元。新浪评估后，觉得没有必要购买 QQ，因为自己的团队也能开发出来，所以就放弃了。

对于新浪来说，站在今天来看，当初没有买 QQ 并没有错。但是站在腾讯的角度，如果把 QQ 卖了，那肯定就错了。因为腾讯今天的市值，已经超过五万亿港元了。

同样是 QQ，不同的人押的注不同，结果和回报有天壤之别。QQ 如果被新浪买走了，未必能取得如今这样的发展，因为当时在新浪那里，QQ 只是选项之一，前途不可知，新浪不可能对 QQ 押重注。但 QQ 当时是马化腾的全部，团队为 QQ 倾注了全部精力，所以腾讯才有了今天的巨大成就。

投入多，回报就大，不要浪费时代给予你的机会。钱，将来会有的，但是人一辈子很难碰到几个好机会，这就是遇到机会要押重注的原因。

在搜索电商里，目前还没有做出名堂的商家，以及比其他商家活得稍滋润的商家，都正在浪费机会，因为他们舍不得放弃目前已有的利益和生活方式，不愿从头开始把注押在兴趣电商上。他们中必定有很多人会错过机会，这是历史经验告诉我们的。

每一个时代，都只有少数人能抓住机会，往往那些押重注的人，才能取得巨大成功，因为这样的人饥饿感最强，锻炼出的生存能力最强，一般的竞争者都不是他们的对手。希望看到这些文字的读者，特别是传统电商卖家，能够有所反思。

## 5.5 兴趣电商最致命的弱点

兴趣电商的优势非常大，但也有致命的弱点。有一利必有一弊，有时候优点就是缺点，兴趣电商的最致命的弱点也是由它的优势带来的，那就是退货率很高。

为什么兴趣电商的退货率高呢？

如果你身边有做直播的商家，或者你经常看新闻，你就应该有所了解。

直播卖货的退货率很高，原因是这种购物是冲动购物。人们利用搜索电商购物时，目标明确，而且往往急需某个东西。但在兴趣电商中，人们的需求是被某个他感兴趣的内容激发出来的。在那一瞬间，他突然觉得这个东西很重要，很想要。但随着时间的流逝，当这个兴趣点消失时，他对这个产品的欲望也会慢慢降低。

有的人还没有收到货就不想要了，有的人刚收到货就不想要了，有的人收到货之后放了几天，突然不想要了，当然还有人刚下完订单就不想要了。可见，不同的人，维持兴趣的时间是不一样的。

如何解决这个问题呢？

之前笔者在应邀开发"如何降低退款率"课题的时候专门做过研究，这里将成果中的主要观点与大家分享。实际上，电商的退货率越高，就越不赚钱，因为订单如果发生退款，商家就要赔钱。

很多商家知道，退款退货会造成一定的损失，但并不知道会损失多少，没有具体的概念。实际上把它量化之后，一笔订单至少要赔 10 元，这还是在退回的货物不影响二次销售的情况下。

一个订单发生退货就要至少赔 10 元，一天如果有 1000 个订单退货退款，就至少要赔 10000 元。但很多商家并没有感觉到"肉疼"，为什么呢？因为其他正常签收的订单带来的利润覆盖了赔钱的部分。

很多电商公司生意看起来很红火，但最终利润却很少，原因就在于利润率不高，各种各样的成本再加上退货率很高，"吃"掉了一部分利润。

有没有解决办法呢？笔者与团队研究了一个治标不治本的办法，就是与用户进行沟通，与其协商，请他不要退款，卖家可以提供适量的补偿。哪怕我们不赚钱，或者少赔一点，只要赔的钱低于 10 元，都是可以接受的。

治本的办法就是从源头入手，提升用户服务的质量，并提前进行用户筛选。

在没有发货之前，就要与用户确认，了解他是不是真的想购买这个产品，要取得用户的承诺，确保他不是冲动消费。因为在没有发货之前，用户提交退款申请，商家的损失最小。如果发完货之后再退回来，损失就会大得多。如果用户拆开包装之后再退回来，可能会影响二次销售，损失会达到最大。所以我们要与用户多次确认，让他亲口承诺这是他想购买的产品，后面如果他想推翻自己的承诺，就会有心理成本。我们还要通过提升用户服务的质量，让用户获得良好的体验，让他不好意思退货。通过这一系列方法，能最大限度地降低退货率。

所有的电商都存在退货的问题，只是在兴趣电商中，退货率最高。产品被卖出去，是因为用户感兴趣，用户退货，是因为其兴趣消失了，这就是兴趣电商最致命的弱点。我们只能通过各种办法尽量弥补损失、降低退货率，想从根本上解决这个问题，基本是不可能的。

未经许可，不得以任何方式复制或抄袭本书之部分或全部内容。
版权所有，侵权必究。

**图书在版编目（CIP）数据**

兴趣电商 / 马涛，杜立著. 一北京：电子工业出版社，2021.10
ISBN 978-7-121-42183-9

Ⅰ. ①兴… Ⅱ. ①马… ②杜… Ⅲ. ①网络营销－通俗读物 Ⅳ. ①F713.365.2-49

中国版本图书馆 CIP 数据核字（2021）第 204006 号

责任编辑：黄 菲　　文字编辑：王欣怡　刘 甜
印　　刷：三河市鑫金马印装有限公司
装　　订：三河市鑫金马印装有限公司
出版发行：电子工业出版社
　　　　　北京市海淀区万寿路 173 信箱　邮编：100036
开　　本：720×1 000　1/16　印张：13.75　字数：179 千字
版　　次：2021 年 10 月第 1 版
印　　次：2023 年 2 月第 2 次印刷
定　　价：68.00 元

凡所购买电子工业出版社图书有缺损问题，请向购买书店调换。若书店售缺，请与本社发行部联系，联系及邮购电话：（010）88254888，88258888。
质量投诉请发邮件至 zlts@phei.com.cn，盗版侵权举报请发邮件至 dbqq@phei.com.cn。
本书咨询联系方式：424710364（QQ）。